Heinrich Hein

для Юлии

Andreas J.H. Hein

Willst Du die totale Pleite?

Die zehn Wege zur
erfolgreichen Gastronomie

heinrichhein.com

Bibliografische Information der Deutschen Bibliothek:
Die Deutsche Bibliothek verzeichnet diese Publikation in der
Deutschen Nationalbibliografie; detaillierte bibliografische Da-
ten sind im Internet über http://dnb.ddb.de abrufbar

2. Auflage 2012

Heinrich Hein München / Salzburg / Zürich

Herstellung & Verlag: BoD™ – Books on Demand, Norderstedt / Hamburg

Covergestaltung: Doris Hofmann, München

Layout: Mad Molly, Salzburg

Projektberatung:

Oberstudienrat i.R. Klaus Tollknäpper, Schleswig

Doris Hofmann, München

ISBN 9783980922104

INHALTSVERZEICHNIS

Autorenportrait

Andreas J.H. Hein, mit Einlassberechtigung zu Ü50-Parties, gebürtiger Schleswig-Holsteiner, lebt seit 25 Jahren zwischen Chiemsee und Salzburg. Gelegentlicher, nicht unterdrückbarer Hang zu Ironie, Sarkasmus und Übertreibung.

Ausbildung:
Küchenmeister der IHK Lindau/Bodensee
Betriebswirt Hotelfachschule Hannover
Ausbilder nach AEVO
Journalistische Weiterbildung, Pressecenter Stuttgart
aktuell Studium zum Dipl.-Wirtschaftsjuristen

Berufliche Stationen:
Partiechef und Souchef in vesch. Sternerestaurants
Küchenchef in Berlin, München, Sizilien, Hamburg, Barcelona, Belfast
Versch. Geschäftsführerpositionen im Großraum München
Selbständig in Spanien, Barcelona
4 Buchveröffentlichungen
Chefredakteur im Verlag für die Deutsche Wirtschaft in Bonn

Vorwort

Über die Erstauflage dieses Buches, das immer mal wieder Pflichtlektüre für die Studenten ist, schrieb Dr. Axel Gruner, Professor für Hospitality Management an der Fachhochschule München:

„Auf eigenen Erfahrungen basierende, sofort in die Praxis umsetzbare Tipps helfen potentiellen Jungunternehmern und gestandenen Gastronomen, Fehler zu vermeiden und ihre Unternehmensführung effektiver zu gestalten. Die Praxisorientierung mit klaren Hinweisen für die Umsetzbarkeit machen das Buch zu einem Erfolgsfaktor im Wettbewerb."

Für alle Beteiligten ist das ein großes Lob, über das wir uns sehr freuen. Seit der Erstauflage haben wir von allen Seiten viel konstruktive Kritik erfahren, die wir jetzt in dieser Neuauflage zum Nutzen des Lesers positiv umgesetzt haben.

Negativ? Dieses Buch, so hört man ab und an, soll negativ geschrieben sein? Im Gegenteil: Es soll Dich vor kleinen und großen Gefahren bewahren, um Dein Geschäft erfolgreich und positiv zu führen. Schon in der Grundschule werden SWOT-Analysen durchgeführt. Das Risiko einer Unternehmung ist hierbei der wichtigste Bezugspunkt. Die Lektüre unterstützt Dich, genau dieses Risiko richtig einzuschätzen. Was nützt Dir ein Autor, der Dein Vorhaben in den Himmel lobt und Dir verspricht, im Handumdrehen reich zu werden, wenn Du seine Tipps befolgst? Das treibt Dich wohin? In die Pleite!

Die Leseransprache in Du-Form gefällt nicht jedem, ist aber nach Ansicht des Autors sehr angemessen - außerdem gefällt sie ihm - und vermittelt von Anfang an eine Vertrautheit zum Leser wie zum Inhalt.
Du findest einige Werbeseiten, ausschließlich Eigenmarketing. Sie sind nicht in die Kalkulation eingeflossen: Du hast sie nicht bezahlt! Also nicht weinen. Bei Interesse beschäftige Dich damit, ansonsten blättere einfach weiter.
Als Leser dieses Buchs gebe ich Dir 20% Treuerabatt auf die Workware GASTROWORKS.de
Gib dazu bei Bestellung im Bemerkungsfeld den Code „ah2711" an.

Appetizer

Ich weiß nicht, was Dir DEINE Gastro-Vision sagt.

ICH empfehle Dir:

Setz Dich mal in aller Ruhe hin, streif alle Hektik ab und denke über Dein Vorhaben zur Geschäftsgründung nach. Wirklich in Ruhe. Es geht um Deine Zukunft und Deine Existenz:

Du willst ein schwieriges Geschäft beginnen, mit vielen Entbehrungen, allgemein schwachen Zukunftsaussichten, viel Stress, Ärger mit Deinem Personal (manchmal auch Mitarbeitern, aber dieses Wort leitet sich von „mitarbeiten" ab, Du wirst selten welche kennenlernen .....), und manchmal mit Gewinn. Manchmal.

Egal ob Du Geschäftsleiter, Selbständiger oder der Geldgeber bist.

Das Fundament für Deinen Erfolg bilden einige wenige Grundregeln. Beachtest Du diese nicht, investiere lieber in Heizlüfteraktien auf Sri Lanka oder eine Feuerversicherung für das Matterhorn.

Beachtest Du sie, hast Du

zumindest eine kleine Chance auf Erfolg

Diese Grundregeln soll Dir dieses „Workout" vermitteln. Es erhebt keinen Anspruch auf Vollständigkeit.

Es könnte auf 50.000 Seiten ausgeweitet werden, wäre noch lange nicht vollständig, und für jedes Thema wären nochmals 200 Seiten nützlich. Es soll Dir über die ersten Hürden helfen und besonders dabei, darüber nachzudenken, ob sich auch nur die erste Hürde lohnt. Wenn Dein Traumladen, den Du gerade im Auge hast, ein Goldesel ist, warum betreibt ihn denn der Eigentümer, Vermieter oder Deine superkluge Braue-rei nicht selbst? Und war Dein Vorgänger wirklich zu blöd, um richtig Geld zu verdienen?

Wer zuletzt lacht, ... lach Du zuletzt!

Unsere Essenz aus jahrlanger Erfahrung in Führungspositionen der kleinen und großen, sternedekorierten und auch der schlechten Gastro-nomie soll Dich ganz einfach auf einem erfolgreichen Weg unterstützen, ob Du anfängst oder mittendrin steckst. Sei erfolgREICH, was immer Du tust - auch wenn der Erfolg mal „Nichtstun" heißt.

Warum stehen die Chancen für Deine gastronomische Pleite so gut? Weil Du ohne irgendwelche Vorkenntnisse in ein Geschäft - sei es eine verqualmte fahrbare Friteuse oder ein nobles Hotel - einsteigen kannst und gesetzlich auch darfst. Ein fataler Trugschluss für Ungelernte, eine Frechheit für Fachkräfte, die viel Zeit und Geld in ihre vorzügliche Aus- und Weiterbildung gesteckt haben!

„Bier verkaufen kann doch jeder, und einen Teller Spaghetti bekommen wir auch noch hin". Falsch. Damit ist es nicht getan!

Wenn Du nicht ein sehr guter Koch und Kellner, Alleinunterhalter, Psycho-loge, Werbefachmann, Handwerker, Rechtsberater, Organisator, Event-manager, Techniker, Führungskraft und Menschenfreund bist, tu´s nicht.

Tu es einfach nicht !

Das gastronomische Leben ist voller optischer Täuschungen: Dein Geldbeutel quillt über vor lauter grünen Euroscheinen und Du hast noch gar nicht gemerkt, dass Du längst pleite bist.

Im Ernst: Dein Geld ist schneller ausgegeben als verdient, besonders wenn Du erst vor kurzem eröffnet hast. Mach Dir einfach klar, dass Du mit einer Rendite zwischen 10 und 15% rechnen musst. Das heißt: Du verkaufst 100 Ramazotti á 1,80 €: und hast in der Tasche: nicht 180 €, sondern im Höchstfall 27 €! Klasse Geschäft gemacht. Bravo. Und verkaufe erst einmal 100 Drinks!

Wenn Du anders rechnest, das Finanzamt betrügst oder Zauberkünstler bist, hast Du mehr.

Warum ich selbständig bin? „Ja", sagen Dir viele Gastronomen, „weil ich immer Geld in der Tasche habe." Stimmt! Nur vergessen sie, dass es nicht ihres ist.

Mach Dir klar, was alles zu zahlen ist von Deinem täglichen Umsatz: Löhne plus Arbeitgeberanteile für Koch, Bedienung, Aushilfe, Putzfrau und Spüler, Gewerbesteuer, Lohnsteuer, Sozialabgaben, Betriebsversicherungen, Berufsgenossenschaft, GEMA, Dein eigenes Gehalt, Deine eigene Altersvorsorge, Deine eigene Krankenversicherung, das Betriebsfahrzeug, Pacht, Instandhaltungen und Reparaturen, Telefon, Lieferanten, Werbung, Steuerberater, Reinigung der Lüftungsanlage, Getränkeleitungsreinigung, Wäschedienst, wöchentliche Entsorgung der Betriebsmittel, Berufsunfähigkeitsversicherung, Strom, Wasser, Gas, Winterreinigung außen und noch viel mehr.

Vom täglichen Umsatz darfst Du auch erst einmal 19% abziehen, die gehören nämlich als Umsatzsteuer dem Finanzamt und nicht Dir. Dein Steuerberater wird dies zwar als Vorsteuer verrechnen, aber es ist nicht Dein Geld! Beachte das besonders bei der Kalkulation. Basiswerte sind hier natürlich Einkaufs- und Verkaufspreise. Auf Deinen Lieferscheinen stehen Nettopreise. Der Verkaufspreis in Deiner Speisekarte aber ist ein Bruttopreis. Also nimm beim Kalkulieren zu beiden Werten entweder brutto ODER netto. Ich spreche das nur an, weil auch richtig gute Gastronomen diesen Fehler machen. Mehr dazu unter „Kalkulation."

Willst Du 12 und 16-Stundentage, willst Du jedes Wochenende arbeiten, willst Du Augenringe, willst Du auf Deinen Sommerurlaub verzichten und Ostern in Deinem Laden gestresst Eier braten anstatt zuhause in Ruhe mit Deinem Schätzchen welche zu suchen? Willst Du ein übergroßes finanzielles Risiko eingehen und oft weniger verdienen als angestellte Kollegen mit Fünftagewoche, Urlaubsanspruch und Krankengeld?

Wenn das Dein Traum ist, dann lies weiter!

Es gibt wirklich sehr, sehr wenige Gastronomen, die ihr Leben finanziell im Griff haben und ein hervorragendes, ausgeglichenes Zeitmanagement führen. Du solltest zu ihnen gehören.

Dazu sind „Auszeiten" nötig, jeden Tag 30 bis 60 Minuten Ruhe, absolute Ruhe ohne Störung. Nachdenken. Über Arbeitsprozesse, neue Verdienstchancen, Deine Zeiteinteilung, Dein Privatleben. Deinen Traum und besonders den Weg dorthin. Such Dir ein Plätzchen nach Deinem Geschmack - in der Sonne, einem leeren Büro, bei der Konkurrenz. Eben dort wo Du Dich wohlfühlst und Dich niemand vermutet, Du also vollkommen ungestört bist.

Mit Nachdenken verdienst Du Geld

Mit kaputtarbeiten manchmal auch, aber Du hast später nichts mehr davon. Das Durchschnittsalter eines guten Gastronomen beträgt etwa 62 Jahre. Wahrscheinlich will die Regierung deshalb auch den Renteneintritt auf 70 oder mehr Jahre erhöhen. Dann können sie Dir immer Dein Zahlungsdefizit von 8 Jahren auf die Nase binden. Und Du bist schuld am Zusammenbruch der Rentenkasse. Aber: Wenn Du dann mehr oder weniger friedlich unter der Erde liegst, stört Dich das einfach nicht mehr.

Es reicht nicht mehr aus, der beste Koch der Galaxie zu sein! 100 Pokale und Urkunden diverser Kochkunstausstellungen in Deinem Foyer beweisen zwar, dass Du es drauf hast.

Aber Deine Gäste wollen mehr: Kommunikation, Unterhaltung, Ambiente, Ablenkung, ein Erlebnis, sehen und gesehen werden. Da ist Deine Kochkunst ein wichtiger, aber eben nur ein Teil Deines Geschäfts-Puzzles, das Du geschickt zusammensetzen musst, um Geld zu verdienen.

Dein „Rundum-Paket" muss stimmen.

Und das sollten Deine Gäste lieben, oder lieben lernen. Keiner kommt sonst wieder. Du könntest aber dann nach Deiner Pleite - mit großem finanziellem Verlust - ein Plakat an die Tür hängen mit der Aufschrift „Ich war trotzdem der beste Koch". Nun bist Du es nicht mehr. Weil niemand gerne mit einem Verlierer zusammenarbeitet.

Damit es gar nicht erst so weit kommt und Du Dein Vorhaben realistisch einschätzen kannst, empfehle ich Dir, die oben angesprochene SWOT-Analyse für Dich selbst durchführen. Sie besteht aus den Determinanten „Stärken – Schwächen – Chancen – Risiken". Das ist immer hilfreich, ob Du Dich selbständig machen willst, ein neues Projekt in Angriff nimmst, heiraten möchtest oder eine Weltreise auf dem Motorroller planst. Googel den Begriff einfach mal, unzählige Vorlagen und Systemanwendungen springen heraus.

Mit dieser einfachen Analyse erhältst Du erste Klarheit über Dein Projekt, aber auch über Dich selbst. Es bringt Dir jedoch nur einen Gewinn, wenn Du ehrlich bist. Gib Deine Schwächen einfach zu (ich habe tausende!). Dann kannst Du daran arbeiten.

Seven sins – die sieben Sünden

Lustlosigkeit

Sei immer begeistert bei der Sache. Was Du ungern tust, wird nie gut. Du aber musst SEHR gut sein. Zwinge Dich, wichtige Aufgaben zu erledigen oder übertrage sie an jemanden zuverlässigen. Du dienst dem Gast, Deinem Gast. Der bezahlt alles, was Du mal haben willst. 20% der Gäste verursachen 80% Deiner Probleme. Damit Du nie lustlos wirst, trenne Dich freundlich aber bestimmt und sofort von diesen wenigen Schaumschlägern, die nur reklamieren, damit sie einen Grappa aufs Haus bekommen. Diese depressiv-frustrierten Menschen finden in jeder Lebenslage etwas, worüber es zu meckern lohnt. An der Tanke, der Supermarktkasse, im Kino. Und bei Dir.

Die Pareto-Regel besagt ganz einfach: 80 zu 20.

Mit 20% Deiner angebotenen Speisen und Getränke erwirtschaftest Du 80% Deines Umsatzes. In 20% Deiner Zeit erledigst Du 80% Deiner Aufgaben. Auch decken 20% Deiner Lieferanten 80% der benötigten Waren. Und 20% Deiner Berater - ob Freunde, Geschäftspartner, Steuerberater oder Familie - decken 80% Deines Beratungsbedarfs.

Hoch motiviert bist Du bei allen Dingen, die Dir richtig Spaß machen. Viele Bürohengste beispielsweise kommen abends von der Arbeit, müde, gestresst und abgeschlagen, halbtot schleppen sie sich nach Hause. Da wartet ihre Bierdeckelsammlung auf sie, die Modelleisenbahn oder ein anderes fruchtloses Hobby. Und siehe da, die leben um 20.00 Uhr noch mal so richtig auf, als wären sie auf Speed.

Ungepflegtheit

Pflege Dich und Deinen Laden! Unsauberkeit stößt jeden ab. Ein Drei-Tage-Bart kann chic sein, schmutzige Fingernägel nie. Die Schuhe kann jeder putzen, die Toilette auch. Ein befreundeter guter Mensch und sehr erfolgreicher Gastronom leerte einmal die ganze Sylvesternacht per Handpumpe die Toiletten im Untergeschoß seines Geschäfts, weil die

Elektronik der Steigpumpen versagte. Das ist Service! Natürlich betrunken durch unendlich viele Einladungen der Gäste, aber sauber.

So verkaufst Du Respekt! Und Dein Bier ....

Lass Dich auch von Deinem Bewerber mal 2 km in seinem Auto mitnehmen, unter einem Vorwand, ganz unverbindlich. Fährt er eine Dreckskarre, lass ihn fahren. Für immer. Vielleicht hat er gestern Abend aber nur mit seinen 12 Kindern eine Geburtstagsparty im Auto gefeiert. „Frischer„ Schmutz kann Fleiß bedeuten. Sei also aufmerksam, wie Du es immer sein solltest. Übrigens hast Du nach diesen 2 Kilometern auch gleich den Charakter aufgrund seiner Fahrweise erforscht. Beobachte mal andere Menschen: So wie sie Auto fahren, arbeiten sie auch. Fährt Dein neuer Küchenchef einer Oma in der Fußgängerzone mit 80 Sachen die Krücke weg, wird er genau so rücksichtslos mit seinen Leuten – DEINEN Leuten – umgehen. Ein Teamzerstörer erster Klasse!

Mangelnde Ausdauer

Halte durch. Die meisten geben kurz vor dem Ziel auf. Sie hätten ihren Traum leben können, sind aber 5 Minuten zu früh ausgestiegen. Übe Dich in Geduld, bei jeder neuen Idee und seiner Umsetzung. Setze Dir ein Zeitlimit. Gib niemals auf, sondern orientiere Dich nur um. Wenn Du also meinst, hochkant gebratene Spiegeleier seien der Weltknüller, und Deine Gäste denken das nun mal nicht, brate sie dreieckig, getrüffelt oder in Tequila-Mohnteig.

Der berühmte Abraham Lincoln wollte schon mit 20 Jahren Präsident werden. Sein Leben lang kämpfte er mit geschäftlichen Rückschlägen, unzähligen Wahlniederlagen, schwerer Krankheit und Nervenzusammenbruch. Schließlich wurde er zum 16. Präsidenten der Vereinigten Staaten gewählt. Also halte auch Du durch!

Unehrlichkeit

Sei immer ehrlich, zu aller erst zu Dir selbst. Wenn Du Dich selbst belügst, muss Deine Krankenkasse irgendwann den Nervenarzt zahlen, und das will sie nicht. Und Du auch nicht. Wahrscheinlich. Bist Du ehrlich, bringt Dir das, auch bei negativen Geschichten und Geschichtchen viel mehr Sympathie ein, als wenn Du den dicken Maxe spielst, der anscheinend immer alles richtig macht. Deine Mitarbeiter, Gäste und Lieferanten haben ein feines Gespür für Unaufrichtigkeit und Unehrlichkeit, das kannst Du glauben.

Es gibt viel mehr sensible und feinfühlige Menschen um Dich herum als Du glaubst. Du musst nur auswählen, auf wen Du Wert legst.

Unbelehrbarkeit

Spiel nicht den Oberklugen, keiner weiß alles. Wichtig ist, dass Du Ratschläge nur von professioneller Seite in Anspruch nehmen solltest. Hat Dein guter alter Freund Anderl Alleswurscht die dritte gastronomische Pleite hinter sich, hüte Dich vor seinen guten Ideen. Kümmere Dich um seriöse Netzwerke, bei denen einer vom anderen lernt.

Beklaut Dich Dein Sternekoch, feuer ihn sofort. Nicht erst überlegen, und dann morgen oder nächsten Montag. Lauf mit offenen Augen und Ohren durch den Tag. Freundlich sein und das Lächeln nicht vergessen (auch am Telefon ......lächeln!). Wer aber absichtlich gegen Deine aufgestellten Regeln verstößt oder nachhaltig Deinen Frieden stört, dem solltest Du eine Chance geben. EINE! Danach schick ihn ins Exil oder nach Lampedusa oder sonst wo hin, die Welt ist groß. Hauptsache raus aus Deinem Leben. Du managst Deinen Laden. Managen heißt, Deinen Mitarbeitern die Arbeit zu suchen, zu finden und zu verteilen. Du hast die Ideen für Deinen Erfolg. Umsetzen werden das Deine Leute. Wenn einer jetzt ständig eigene Ideen umsetzt, trenn Dich von ihm. Er soll sein eigenes Geschäft aufmachen.

„Wer zahlt, schafft an", sagt man so. Voll ins Schwarze getroffen! Vergiss nie, dass DU Deine Leute zahlst und nicht umgekehrt.

Halt Dein Geld zusammen, mit allen Mitteln. Aber sei niemals kleinlich oder gar geizig. Überleg nicht lange, ob Du dem ersten Stammgast Deines genialen Bistros mal einen Grappa ausgibst. Machs doch einfach. Hat sich eine Stammtischrunde voller wilder Trinker zusammengefunden, schmeiß eine Runde aufs Haus. Kostet Dich im Einkauf doch wirklich nichts, und niemand wird sich lumpen lassen, die nächste Runde zu ordern. Das sind bei fünf trinkfreudigen Menschen, von denen Du ja lebst, gleich mal 25 verkaufte Vodka, Grappa, Averna oder Whisky.

Sei auch bei Arbeitszeiten nicht kleinlich, fünf Minuten hin oder her. Wer heute 10 Minuten eher geht, bleibt auch morgen gern mal 30 Minuten länger, wenn es nötig ist. Sei nie geizig. Bei Deinem Blumenschmuck. Oder Deiner Dekoration. Gib und Du darfst mit gutem Gewissen nehmen. Du solltest aber nicht wie viele andere vergessen,

dass vor dem Nehmen immer das Geben kommt! IMMER!

Besorgt Dir einer Deiner Stammgäste auf die Schnelle ein dringend benötigtes Elefantenfilet, zeige Dich SOFORT erkenntlich, sei großzügig. Großzügigkeit kommt immer zurück. Irgendwann. Meistens. Zeit kannst Du Dir beim Einschlafen lassen, aber nicht in Deinem Geschäft.

Anmeldungen & Voraussetzungen

Gewerbeanmeldung, das A&O

Mit dem Anmelden Deines Gewerbes bei Deiner Gemeinde oder Stadtverwaltung bist Du ein Geschäftsmann oder eine Geschäftsfrau. Zwischen 10 und 40 Euro musst Du dafür hinblättern. Automatisch geht eine Mitteilung an alle beteiligten Behörden wie Finanzamt, Eichamt, Gewerbeaufsichtsamt, Gesundheitsamt usw. Die stecken dann irgendwann alle den Kopf zur Tür herein. Weil in keiner anderen Branche auf der Welt so viele Grünschnäbel ein Geschäft eröffnen wie in der Gastronomie, ist ihre Einschätzung Dir gegenüber eher negativer Natur. Zeig Ihnen, dass Du dieses kluge Buch gelesen hast und bereits zumindest ein Halbprofi bist. Den Rest macht die Erfahrung. Du benötigst Deinen Ausweis und den Unterrichtungsnachweis der Industrie- und Handelskammer.

Die Gewerbeanmeldung muss in jedem Fall erfolgen, egal wo Du sonst Genehmigungen einholst oder Anträge stellst. Willst Du staatliche Fördermittel (s. dort) in Anspruch nehmen, melde auf keinen Fall Dein Gewerbe an, bevor Du nicht von Deiner Hausbank grünes Licht erhalten hast. Sonst ist die Kohle aus Berlin oder Brüssel futsch!

Unterrichtungsnachweis

Als Voraussetzung für Deine Gewerbeanmeldung benötigst Du den Unterrichtungsnachweis über die Behandlung von Lebensmitteln sowie der Hygienevorschriften.

Dieser nimmt zwei Doppelstunden in Anspruch. Diese Hürde nimmst Du mit links, da keine Prüfung stattfindet.

Also vergiss die Skatkarten nicht!

Auch Dein nicht ein Wort deutsch sprechender chinesischer Nachbar, der sich erst seit 6 Minuten in Deutschland aufhält, bekommt sein Zertifikat so wie Du in die Hand gedrückt. In welche andere Branche kannst Du mit einem Kenntnisstand von vier Stunden „Lehrzeit" einsteigen? Richtig, in keine.

Den Unterrichtungsnachweis musst Du bei der für Dich zuständigen Handelskammer absolvieren. Monatlich mehrere Termine werden angeboten und kosten etwa 50 Euro, die Du nur cash zahlen kannst. No Checks, no Credits.

Vom Nachweis befreit bist Du, wenn Du einen gastronomischen Beruf erlernt hast und Du Deine Abschlussprüfung innerhalb bestimmter Zeiträume absolviert hast. Das wird in den Bundesländern unterschiedlich gehandhabt. In einigen Regionen Neudeutschlands reicht eine Eigenerklärung über eine dreimonatige Ausbildung als drittklassiger Hilfs-Küchenhelfer, in einer bayerischen Gemeinde musste ich als Küchenmeister der IHK darum streiten, ob ich Fachkenntnisse besitze. Wahrscheinlich weil ich keine Lederhose trug. Informiere Dich bei der IHK.

GEMA

Bei der für Dich zuständigen Gema-Niederlassung musst Du Dich anmelden, ob Du magst oder nicht. Die finden Dich sowieso. Die Jahresgebühr wird nach der Quadratmeterzahl Deines Lokals berechnet, und diskutieren lohnt selten. Jetzt will die GEMA nach Umsatz abrechnen. Informier Dich auf deren Website einfach über den neuesten Stand. Führst Du ein größeres Haus, rechnet sich eine Überprüfung durch Deinen Rechtsanwalt oder Steuerberater, sofern er bescheid weiß. Bei kleineren Objekten zahlst Du sowieso nur eine geringe Gebühr. Lässt Du ab und an eine Band spielen, achte bei Vertragsgestaltung darauf, dass diese ihren Auftritt selbst anmeldet. Sonst bleibst Du auf den Kosten sitzen, die einklagbar sind.

„Sich einfach mal zu verrechnen" ist manchmal von Vorteil, aber nur, wo es lohnt. Hier nicht.

Wenn Du nach Unterzeichnung des Pachtvertrages auch nur einmal den Lichtschalter umdrehst, bist Du für mindestens ein Jahr an den aktuellen Stromanbieter gebunden. Prüfe deshalb vorher, ob Du nicht mit einem Alternativangebot günstiger fährst. Klappere die bekannten Anbieter aus der Werbung ab und frage Deinen Versicherungsmakler, der weiß oft was. Bist Du Mitglied im Hotel- und Gaststättenverband oder einer Einkaufsgenossenschaft, bieten Dir diese oft Top-Konditionen aus einem Strompool an. Das kann je nach Betriebsgröße jährlich mehrere tausend Euro Ersparnis bedeuten.

Absolut wichtig ist das Ablesen des Stromzählers bei Übergabe der Schlüssel und Fertigstellung aller Handwerkerarbeiten. Diese soll gefälligst der Vorgänger zahlen, der den Laden versaut hat! Nimm zum Stromablesen einen am besten unabhängigen Zeugen mit und lasse den Zählerstand auch von der Gegenpartei abzeichnen. So bist Du doppelt abgesichert. Melde dann Deinem Stromlieferanten unverzüglich die Änderung auf Deinen Namen. Ansonsten kann es passieren, dass Du Deine erste Rechnung erst nach Monaten bekommst, die dann saftig ausfällt. Da Du mit einer solchen Summe nicht gerechnet hast, hängst Du Dir damit also ein unnötiges Problem an den Hals.

Achte zu jeder Zeit darauf, dass alle nicht benötigten Lichter ausgeschaltet sind, besonders auch in den Kühlhäusern, wenn Du welche hast. Tritt Deine Leute in den Hintern, darauf zu achten.

Zuhause lassen sie ja auch nichts brennen, weil es da ihr eigenes Geld kostet. Schärfe das auch Deiner Putzfrau ein, die wahrscheinlich nachts reinigen wird.

Wenn jeden Tag nur zwei Stunden ein nicht benötigtes Licht brennt,

sind das pro Jahr über 700!! Stunden Verschwendung.

Sehr bewährt haben sich Niedrigenergielampen und Sensorschaltungen, welche die Stromzufuhr automatisch steuern. Energiesparlampen mit Blitzstart kosten 2 Euro mehr, aber die Investition ist lohnenswert.

Da kannst du richtiges Geld sparen! Nur 100 Euro im Monat gespart sind in 10 Jahren 12.000 Euro: ein grandioser Urlaub mit vielen, vielen Cocktails.

Wasser

Beim Ablesen des Zählers und Sparmaßnahmen gilt das Gleiche wie beim Strom. Undichte Wasserhähne solltest Du sofort ausfräsen lassen. Das ist vor Erneuerung der Dichtungen wichtig, sonst hast Du durch die große Beanspruchung kurze Zeit später das gleiche Problem. Achte darauf, dass nicht nur Wasser, sondern auch das Abwasser Geld kostet!

Heizung

Lass Dir sofort eine Zeitschaltuhr einbauen, sofern Du keine moderne Anlage Dein eigen nennst. Mindestens zwei Stunden vor Betriebschluss stellst Du den Saft ab. Die Heizung sollte aber nachts einige Mal für eine halbe Stunde arbeiten, damit Dein Laden im Winter nicht total auskühlt. Dann wäre der Spareffekt wieder dahin. Auch Deine Heißwasserversorgung hängt meistens an der Heizung.

Wenn Dein erster Spüler schon um 7.00 Uhr antritt (kontrolliere auch mal, ob's nicht eine Viertelstunde später ist), braucht der natürlich Warmwasser. Du musst das ausprobieren, wie es Deinem Geschäft und Deinem Geldbeutel gefällt.

Heizöl bestellst Du im Sommer, handle immer einen Rabatt heraus (Treuerabatt, Sommerrabatt, Gourmetrabatt oder was auch immer).

Wie bei allen Lieferanten solltest Du, mehr oder weniger offen, auch mal die Ausrichtung einer Firmen- oder Geburtstagsfeier erwarten. Das sind leicht mal fünfzehn Veranstaltungen pro Jahr, die Du besonders am Anfang gut brauchen kannst.

Entsorgung

Lass Dir Angebote von verschiedenen Entsorgern machen. Du musst entsorgen: Papier, Glas, Blech, Speisereste, Fett (s. Fettabscheider). Wertstoff sind Plastik, Kronkorken, Flaschenverschlüsse usw. Für Zigarettenkippen nimmst Du die gemeindeeigene kleine Tonne her, die meistens Pflicht ist, wenn Du mit einem privaten - und meist erheblich günstigeren - Entsorger zusammenarbeitest.

Bei vielen städtischen Müllmännern legst Du Dich gleich flach,

wenn Du deren Preise erfährst.

Alle Papierservietten gehören in die Speiserestetonne, da sie aus Zellulose bestehen. Kartonagen solltest Du zerreißen und extrem flachdrücken, sonst ist der Behälter sehr schnell voll.

Es gibt Müllpressen, mit denen Du den Inhalt eines 1200-Liter-Containers auf die Größe einer Zigarettenschachtel bringen kannst (okay, ich sehe, was Du von meinen leichten Übertreibungen hältst). Also, diese Müllpressen kosten ab 2000 Euro und nicht jeder Entsorger gestattet deren Gebrauch, besonders auch die Städte und Gemeinden. Ließ also unbedingt das Kleingedruckte!

Wichtig sind die Leerungstermine, die auch mal flexibel gestaltet werden müssen, wenn sie außer der Reihe stattfinden, weil Du viel Arbeit hattest. Drück die Preise mit Hinweis auf die Konkurrenz, zeig ruhig die günstigeren Angebote her. Wenn Du merkst, dass ein Anbieter einsteigt und sich selbst unter Preis verkauft, lehne lieber ab. An dem hast Du keine lange Freude. Lass Dir immer Referenzadressen mitteilen und frage dort auch nach, wie zuverlässig die Firma arbeitet.

Gründen Sie bitte ....jetzt! – aber wie?

Was Du tun solltest, bevor Du Dich mit dem „FineTuning" beschäftigst

Mancher erfüllt ihn sich schon mit 20, andere erst mit 60: Den Traum vom eigenen Restaurant. Um den eigenen Stil uneingeschränkt umsetzen zu können. Um niemandem verantwortlich zu sein. Um sich selbst zu beweisen. Und natürlich entsprechend der eigenen Leistung ein ordentliches Geld zu verdienen.

Wahrscheinlich denkst Du gerade darüber nach, stolzer und erfolgreicher Restaurantbesitzer zu sein. Oder liest Du dieses Buch etwa aus langer Weile? Lass Dir gesagt sein, dass es viele wirklich ausgezeichnete, hochkreative Köche gibt, die nach kurzer Zeit aus rein wirtschaftlichen Gründen wieder schließen müssen. Spitzenqualität aus der Küche allein reicht nicht aus, um sich erfolgreich im großen Markt zu behaupten.

Aber welche Schritte solltest Du in welcher Reihenfolge gehen, um taktische Planung mit rechtlichen Vorgaben zusammenfügen?

Du musst Dein „Projekt Selbständigkeit" geschäftsmäßig angehen, emotionslos, als kühler Rechner und Szenario-Gestalter. So wie der Finanzminister, der weiß gar nicht, wie er seine Lächelmuskeln in Gang setzt. Deine Seele muss sich - als Basis allen Erfolgs - wohlfühlen beim Gedanken an einen eigenen Laden, aber erstmal sind hier Deine geistigen Fähigkeiten gefragt. Wer von Anfang an meint, dass das ja alles so toll ist, ein eigenes Restaurant zu führen, könnte sich in vielen Fällen schon mal ein Konkursformular beim Amtsgericht besorgen.

Zu den ersten Schritten gehört eine realistische Einschätzung aller Möglichkeiten und Fähigkeiten, die Du selbst so gut wie Du kannst, vornimmst.

- ✓ die Analyse Deines Vorhabens,
- ✓ die Beschaffung und
  die professionelle Umsetzung,
- ✓ Du beginnst immer entweder mit einem Konzept,

das Du umsetzen willst oder

✓ einem Objekt, in das Du Dich „verliebt" hast und aus dem sich eine Idee entwickelt.

Mach Dir immer sehr bewusst, dass Du ein/e hoch qualifizierte/r Fachmann/Fachfrau bist, sofern Du mit Erfahrung aus der Gastronomie kommst. Dieser Grundgedanke ist für das gesamte Projekt bezeichnend wichtig.

Nach eintägiger IHK-Schulung darf sich nämlich hierzulande auch jeder(!) Branchenfremde in Gastronomie und Hotellerie selbständig machen. Stell Dein Expertentum also immer deutlich heraus, besonders bei Bankgesprächen und Marketingaktivitäten.

Überprüfe zunächst die Tragfähigkeit Deines Projekts, allerdings nicht haarklein. Du willst jetzt lediglich oberflächlich feststellen, ob Du überhaupt eine Chance hast und sich die weitere Planungsarbeit lohnt. Feinste Recherche schon zu diesem Zeitpunkt wäre Zeitverschwendung, ist in fortgeschrittenem Stadium aber umso wichtiger.

Beispiel für Deine nächste Besichtigung:

Du hast ein überzeugendes Konzept - mit Familien als Zielgruppe - im Kopf, hättest die finanziellen Mittel und siehst Dir nun Dein Wunschobjekt an, aber es liegt es in einem Banken- und Büroviertel. Du solltest Dich also nach einem anderen Objekt umsehen oder Deine Zielgruppe ändern, z.B. Banker. Die haben zwar Geld, sind aber oft geizig. Denk dran bei Deiner Zielgruppenbestimmung.

AutorenTipp:

Zur Vor-Recherche gehört eine grobe Analyse

- zur Wirtschaftlichkeit, also eine Überschlagsrechnung von Investition, Finanzierung, Kosten, Überschuss und Gewinn
- zum Standort, also in wieweit Dein Konzept zur Lage

des geplanten Objekts passt
- zur Konkurrenz, damit Du nicht in einer Kleinstadt den 10. Betrieb mit Eintopf-Spezialitäten eröffnest
- des finanziellen Aufwands, also wie viel Du investieren willst oder kannst und
- Deiner persönlichen Situation
wie Gesundheit, Alter, Familie (macht sie den Stress mit?) und Fachwissen

Zur groben Berechnung der Wirtschaftlichkeit stelle ich Dir unter

www.heinrichhein.com

(Unterpunkt „Hotellerie & Gastronomie") die selbstrechnende Excel-Datei „Gewinnplanung" online, in der Du mit Kosten und Tagesumsätzen „spielen" kannst. Du siehst unterm Strich Deinen monatlich erwirtschafteten Gewinn.

Im 2. Schritt klärst Du eventuelle Auflagen mit der zuständigen Behörde Deiner Stadt- oder Gemeindeverwaltung, (das gilt für Kauf- ebenso wie bei Pachtvorhaben). Vergewissere Dich, ob die bisherige Konzession vielleicht nur unter Auflagen vergeben wurde.

Noch ein Beispiel, aus dem richtigen Leben:
Einer meiner Köche pachtete ein gut frequentiertes Bistro in bester Lage. Nach kurzer Zeit erhielt er durch das Bauamt die Aufforderung, nun endlich die lang angemahnte - und sehr kostspielige - Verlegung der Abzugshaube samt Steigleitung durch das Mehrfamilienhaus durchzuführen. Der Verpächter war vertraglich nicht in der Pflicht, und der Vorpächter mit einer beträchtlichen Ablösesumme in der Tasche lag schon irgendwo bei Havanna in der Sonne. Hast Du schon mal einen kubanischen Mahnbescheid beantragt? Viel Spaß.

Schließ Dich unbedingt auch mit dem zuständigen Beamten der Lebensmittelüberwachung kurz. Er wird Dir mitteilen, ob er für dieses Objekt aufwändige Umbauten oder Erneuerungen angemahnt hat, z.B. Verlegung des Magazins aus hygienischen Gründen, Erneuerung von Kühlaggregaten oder Fußböden oder ob er schon einmal - vielleicht fünfmal - das Gewerbeaufsichtsamt einschalten musste.

Hat Dein Projekt diese ersten Hürden genommen, solltest Du die bereits durchgeführten oberflächlichen Vorarbeiten durch verlässliche, genaueste Recherchen intensivieren.

Eine umfangreiche Konkurrenzanalyse findest Du im Downloadbereich www.gastroload.de

Errechne den Kapitalbedarf zur Anfangsinvestition, zu Deinem Vorteil am besten mit Deinem Steuer-, Wirtschafts- oder einem Fachberater Deiner Bank. Dazu gehören in erster Linie die erste Pacht, Kaution, ggf. Maklerprovision, Warenstock, Personalkosten, Gebühren, eigene Lebenshaltungskosten, Ablösesumme, Anschaffungskosten für Geräte und Ausstattung.

Sprich mit Deiner Hausbank - über diese laufen alle Anträge - welche staatlichen Fördermöglichkeiten Du in Anspruch nehmen kannst, vom zinsfreien Darlehen bis zum Investitionszuschuss und Beratungsbeihilfe.

Gründungsberatungen wie auch Coachings werden stark gefördert.

Auch eine Betriebsberatung zur Existenzgründung und die Erstellung der Wirtschaftlichkeitsvorausberechnung werden bezuschusst. Kontakte, Adressen und weitere hilfreiche Informationen findest Du unter dehoga.de, ihk.de, günderland.de oder bmwi.de (Bundeswirtschaftsministerium).

Eine der besten Websites für alle Gründungsvorhaben mit tagesaktuellem GastroBlog ist

www.abseits.de

Jetzt hast Du alle wirtschaftlichen Grundlagen gelegt. Wer weiß, vielleicht stehst Du schon bald vor Deinem Traumrestaurant, die Schlüssel in der Hand. Zur erfolgreichen Umsetzung bist nur Du der Fachmann, die Fachfrau.

Sie haben sich entschieden, ein Gastronomie- oder Hotelunternehmen zu gründen?

Sie haben sich bereits damit beschäftigt, was sich dadurch verändert. Ihr Privatleben, Ihre finanzielle Situation, Ihr Image, Ihre Persönlichkeit, Ihre Ziele.

In Gedanken sehen Sie sich als erfolgreicher Unternehmer, der seinen Betrieb im Griff hat. Mit hoch motivierten Mitarbeitern, guten Umsätzen und persönlichen Erfolgserlebnissen.

Das alles ist möglich. Aber realisieren Sie, dass auf der Strasse zum Erfolg täglich harte Arbeit auf Sie wartet. Und wie definieren Sie genau ERFOLG für sich selbst? 2 MichelinSterne? 5 Hotelsterne? Ein Porsche 911 RS? Prestige? Zufriedenheit? Sicherheit? Selbstverwirklichung?
Vor der Gründung sind zahlreiche rechtliche Hürden zu nehmen, die das Gewerberecht, Baurecht oder das Gesellschaftsrecht vorschreiben.

Bereits vor der ersten Begehung eines Kauf- oder Pachtobjektes sollten Sie über arbeitschutzrechtliche Bestimmungen informiert sein. So vermeiden Sie teure Überraschungen, wenn Sie Verträge erst einmal unterzeichnet haben. Ein vorgeschriebener, aber nicht vorhandener Dunstabzug in der geplanten offenen Küche kann Sie so nebenbei mal 10.000 € kosten.

Nur wenn Sie bestens informiert in Verhandlungen einsteigen, Gewerbeanmeldungen vornehmen oder Fördermittel beantragen, sparen Sie bares Geld.

Wie Sie wissen stehen Ihnen unzählige Starthilfen, Unterstützungen, Beihilfen, Zuwendungen und Fördergelder aus verschiedenen staatlichen und europäischen

Fördertöpfen zur Verfügung. Viele müssen VOR Gründung beantragt werden. In den Bundesländern bestehen unterschiedliche Förderformen.

Wir führen Sie als Gründer sicher zum Erfolg. Unser rechtssicherer Gründungsfahrplan enthält To-do-Listen, mit allen für Sie wichtigenFakten, was zu tun ist, um Ihr start up erfolgreich zu machen.

Ihr HH GRÜNDERPACKAGE HOGAST DEUTSCHLAND
persönliches, für Ihr konkretes Projekt
ausgearbeitetes Gründungsgutachten

Bestehend aus tagesaktuellen Rechtsgrundlagen zur

- Rechtsform
- Gesellschafts- und Gewerberecht
- Steuerrecht
- Mitarbeiter
- Sozialversicherungsrecht
- Arbeitsschutzrecht
- Baurecht
- Umweltrecht
- Finanzierung und Fördermöglichkeiten
- Konkurrenzsituation am Gründungsstandort

Gründungsberatungen und Coachings (innerhalb 5 Jahren nach Eröffnung) werden staatlich stark gefördert

H

HEINRICH HEIN

MANAGEMENTBERATUNG

Schreiben Sie uns unter
gründung@heinrichhein.com

heinrichhein.com

Die Finanzen

Von Deiner Bank bekommst Du für Dein gastronomisches Vorhaben – ein mitleidiges Lächeln. Wenn Du keine 1a-Sicherheiten bringen kannst wie etwa einen Baugrund in Monaco oder die

Lebensversicherung Deiner

102-jährigen Erbtante

über zwei Millionen EuropaEuro, spare Dir den Weg dorthin, auch wenn Du schon 65 Jahre Kunde bist. Frag einfach mal unverbindlich nach, und Du wirst sehen, ich habe Recht. Allerdings würde ich auch keine Branche finanzieren, in der schlappe 80% in kürzester Zeit wieder pleite sind. Wenn Du Sicherheiten bringen kannst und einen Bankkredit bevorzugst, lass Dir verschiedene Angebote unterbreiten und versuche, einen günstigen Zinssatz herauszuhandeln. Auch die Rückzahlung solltest Du flexibel gestalten können. Wenn Dein Geschäft nämlich besser als erwartet läuft, bist Du schneller aus den Verpflichtungen wieder heraus. Denk daran, dass Kredite bei der SCHUFA, der Schutzgemeinschaft der Banken und kreditgebenden Unternehmen, eingetragen sind. Je schneller Du wieder heraus bist, desto besser.

Übrigens: Ein als Sicherheit angebotenes Grundstück in Pleite-Griechenland, Portugal, Spanien oder Irland verhilft Dir zum schnelleren Rauswurf aus der Bank. Plus 10 Jahre Hausverbot!

Deine Hausbank ist allerdings zuständig für die Antragstellung von Fördermitteln aus europäischen oder deutschen Sozialtöpfen, die Dich u.a. bei Gründungsberatungen finanziell unterstützen. Die reinen Förderbanken richten ihre Entscheidung nach der Einschätzung Deiner Hausbank.

Du wirst vom Staat durch Existenzgründungsprogramme und Kredite unterstützt. Voraussetzung ist allerdings meist, dass Du vorher nicht selbständig warst, eine Wirtschaftlichkeitsvorausberechnung sowie einen sauber ausgearbeiteten Businessplan auf den Tisch legst und noch keinen Vertrag unterschrieben hast. Machst Du auch nur einen kleinen Vorvertrag, ist oft alles dahin.

Informiere Dich bei Deiner Hausbank oder der Handelskammer, die Dir weiterhelfen. Meist dauert der Bürokratenweg zu lange, so dass Du in der Regel meist verzichten wirst. Wenn Du arbeitslos bist oder warst, bekommst Du Überbrückungsgelder gezahlt plus Versicherungsbeiträge. Das lohnt sich. Da sich aber die Vergabekriterien monatlich ändern, damit nur keiner durchblickt, frag einfach Deinen Sachbearbeiter beim Arbeitsamt und hoffe, dass zumindest er sich informiert hat. Auch hier:

Vorher nichts unterschreiben!

Es gibt viele andere Möglichkeiten, z.B. staatliche Wirtschaftsförderungshilfen des Bundes, der Länder und aus Big Europe, oder Eigenkapitalhilfeprogramme für langjährige zinsfreie Darlehen. Infos hierüber füllen ganze Bücher, Du musst also nur wissen, dass so etwas existiert und überlegen, ob es für Dich interessant ist.

Gründungsberatungen werden bezuschusst. Dein Berater muss dazu in der Beraterdatenbank der KfW Bank zugelassen sein. So wie ich. Schaust Du: heinrichhein.com

Verwandte

Gut, wenn einer Geld hat und es Dir zur Verfügung stellt. Selbstverständlich muss das versteuertes Geld sein. Wenn also Dein Onkel Helmut K. oder Otto Graf L. heißt, die mit ihren Amigos rumhängen und Dir eine Blitzüberweisung von einem Parteienkonto zusagt, lehne lieber ab. Das

31

Finanzamt fragt Dich irgendwann, womit Du Dein Geschäft finanziert hast. Überlege Dir genau, von wem aus der Familie Du Geld nimmst. Falls Du, auch unschuldig, Dein Traumlokal in den Sand setzt, ist nichts so peinlich als wenn Du Deiner Oma ihr sauer Erspartes nicht zurückzahlen kannst. Den besonderen Zorn ziehst Du Dir dann auch noch von potentiellen Erben zu, und das nicht zu knapp.

Sichere auch innerhalb der Familie alle Kredite vertraglich ab, mit Höhe der Raten, Beginn und Ende der Zahlungen und eventuellen Sicherheitsübereignungen von Geräten und Maschinen. So kann dann auch kein Dritter ran, etwa die Brauerei (s. dort) oder Lieferanten, wenn was schief geht. Ob Du diese Vereinbarungen notariell verankerst, ist eine Kosten-Nutzen-Frage.

Lieferantenkredit

Wenn Du anfangs einem Lieferanten Geld aus der Tasche locken kannst, bist Du einfach gut. Meistens bezieht sich ein Lieferantenkredit auf ein Zahlungsziel, welches Du mit ihm vereinbarst. Prüfe aber, ob eine Sofortzahlung bzw. Abbuchung mit Skonto nicht günstiger ist.

In der Regel bekommst Du von Lieferanten nur Kredit, wenn Du langjähriger Kunde bist und Deine Zuverlässigkeit unter Beweis gestellt hast, weil niemand auf dieser Erde so viele Außenstände hat wie ein Gastro-Lieferant.

Auch ein Zahlungsziel oder –aufschub ist ein Kredit. Für kleinere Summen ist in aller Regel keine Sicherheit erforderlich. Musst Du jedoch eine Sicherheit bringen, überleg Dir genau, WAS Du anbietest. Das kann eine Sicherheitsübereignung einer Maschine sein oder Dein Champagnerlager. VERPFÄNDEN allerdings kannst Du nur Dinge, die Du nicht brauchst. Du verlierst zwar nicht das Eigentum an Deiner Kartoffelfräsmaschine, schon aber den Besitz. Verpfändete Sachen liegen IMMER beim Pfandgläubiger, nie bei Dir. Du bist sie also momentan mal los!

Vorsicht Falle

Vorweg gesagt: Fast alle Brauereien ziehen Dir die Hosen aus. Es interessiert sie nicht die Bohne, ob Du rentabel arbeiten und von Deiner Arbeit Lohn existieren kannst. Die wollen pünktlich ihre Pacht sehen - was auch legitim ist - aber alles andere schert sie nicht. Dies gilt zum Teil auch für mittelständische Brauereien, bei denen es während der Vertragsgestaltung eher „familiär" zugeht und Du Dich gut aufgehoben fühlst. Wenn Du ein Lokal von einer Brauerei pachtest, pass höllisch gut auf, ob nicht allein der Vorvertrag an Betrug grenzt. Ich rate Dir nur: Suche Dir in Ruhe einen privaten Verpächter, mit dem Du „zusammenarbeiten" kannst.

Deine Brauerei lässt Dich nie reich werden,

genau wie Deine Hausbank, sonst könnten sie selbst ja nicht in Saus und Braus leben und einen Palast nach dem anderen in 1 A-Lage bauen.

Wie kommt es also, dass Du für Dein Bier im Einkauf mehr zahlst als Dein Gast Heinz Krause im Getränkemarkt? Wenn Dein Brauereivertreter hierauf eine schnelle und plausible Antwort weiß, leg' ihn auf die Streckbank,

zieh mal kräftig an

und frag' ihn noch mal.

Lies Dir jeden - jeden!! - Absatz fünfmal durch und nimm dann den schlimmsten Fall an. Frag Dich, was dann passiert. Verstöße gegen unterschriebene Verträge setzt jede Brauerei vor Gericht locker durch. Zu Deinem Nachteil. Also:

Glaub niemals einem Brauerei-Vertreter,

der wird fürs Plappern bezahlt. Je mehr der redet, desto schneller hat er sein Haus abgezahlt. Der fährt den neuesten Mercedes, ist - manchmal - Berufsalkoholiker auf Spesen und futtert sich umsonst durch, während Du nach nur vier Stunden Schlaf mit Deinem drittklassigen VW-Bus beim Großmarkt gegen bar einkaufst, damit Du 20 Euro an Wareneinsatz sparst. Du bleibst mit einer Brauerei oft jahrelang auf einem Riesenhaufen Sch...........ulden sitzen. Wenn Du „baden" gehst, steht die Brauerei als erste mit einem Pfändungsbeschluss vor der Tür und beschlagnahmt Dir, wenn sonst nichts zu holen ist, Deine Teebeutel.

Wirtschaftlich lohnender ist es oft, mit

mit Schutzgelderpressern oder der tschetschenischen Mafia

als mit einer Brauerei zusammenzuarbeiten, weil Du dort eine Gegenleistung bekommst: Sie beschützen Deinen Laden. Meistens.

Ich habe viele Kollegen, denen es so gegangen ist: Also glaube es einfach oder mach's selbst durch. Wiederum würde sich dann die Investition für dieses Buch nicht gelohnt haben.

Achtung: Besonderes Augenmerk solltest Du hier unbedingt der Mindestabnahmeverpflichtung schenken. Verkaufst Du mal weniger als vereinbart, musst Du Deinen Gerstensaft in den Gully schütten, weil Dich die Vertragsstrafe meist teurer kommt. Hier ist die Rechtsprechung unterschiedlich, in jedem Fall hast Du aber lange Zeit einen Haufen Ärger. Du solltest Deine Zeit nutzen und lieber etwas Produktives schaffen.

Machen wir uns nichts vor: Du brauchst ein vernünftiges Bier! Hol Dir, ohne Vertrag und Verpflichtung, eine Brauerei ins Haus. Die putzen Dir noch jeden Morgen die Schuhe, wenn Du Deinen Laden betrittst.

Halte aber die Augen offen: nicht jede Brauerei zieht Dich über den Tisch. Ich kann es nicht oft genug wiederholen: Sei immer und überall auf der Hut, sei wachsam und konzentriert.

Rechnung für GmbH-Eintragung

Vorsicht, Vorsicht !! Wenn Du Deinen Betrieb üblicherweise als GmbH oder haftungsbeschränkte UG führen willst, musst Du diese beim für Dich zuständigen Registergericht eintragen lassen. Jetzt kommt der Witz: Nach einigen Tagen flattert Dir eine Rechnung über die Eintragung ins Haus. Du zahlst brav. Vier Wochen später kommt noch eine Rechnung, nämlich die echte. Die erste kam von einem der Absahnervereine, die von Deiner GmbH-Gründung aus der Zeitung erfahren haben, wo alle Registereintragungen veröffentlicht werden. Diese Verbrecher-Rechnung hat ein absolut amtliches Aussehen, auch der Name „Registergericht" taucht in Großbuchstaben auf und sogar der ausgefüllte Überweisungsvordruck hängt schon dran. Im Kleingedruckten wird Dir aber angeboten, in eine Datenbank aufgenommen zu werden, wofür Du die Gebühr zahlst.

Auch ein fettiges Schulheft mit drei Adressen

ist der Anfang einer Datenbank,

da stehst Du dann drin. Klagen kannst Du da lange. Diese Praxis ist absolut üblich geworden, also: Zeit nehmen und alle Korrespondenz sehr sorgsam lesen, alles andere kostet Dich Geld!

Vermieter

Gut ist: ein Vermieter, der seine Pacht pünktlich haben will und Dir ansonsten Deine Ruhe lässt. Basta. Besser ist: Ein Vermieter, der dazu sein Haus noch liebt und die eine oder andere Schönheitsreparatur gerne durchführt. Der macht das aus Imagegründen, und Du sparst Dir gegebenenfalls eine Menge Geld.

Du musst nur mit ihm sprechen

Schlecht ist: Ein Vermieter, der meint, dass ohne ihn nichts läuft. Steht Dir ständig im Weg, teilt Dir die vielen Reklamationen seiner Freunde und Bekannten mit und will immer kräftig mitmischen, weil er vielleicht das Haus mal selbst geführt hat und ja sowieso alles weiß. Auch wenn's schwer fällt und Du Dein Lokal nur über Beziehungen eines weiteren Bekannten der Großmutter des Vermieters bekommen hast, Du Dich also irgendwie verpflichtet fühlst: Zieh eine klare Grenze zwischen „MEIN" und „DEIN". Du willst doch nicht in der Nervenklinik landen, oder? Die Chancen dazu stehen sowieso schon gut, wenn Du nicht aufpasst. Viele, die in der Gastronomie aufgegangen sind: Alkoholiker, Nervenkranke, Geschiedene, Drogenabhängige. Das kann Dir immer und überall passieren, natürlich, aber in der Gastronomie treten diese Unarten des Lebens in sehr konzentrierter Form auf.

Vorpächter

Wenn Dein Vorpächter eine Nullnummer war, hast Du lange mit dem schlechten Ruf zu kämpfen. Unterschätze dieses Negativ-Image nicht! Mancher ist daran kaputtgegangen. Rechne mal mit zwei Jahren „Eröffnungsfrist", bis Du einigermaßen fest im Sattel sitzt und von Deinen Stammgästen leben kannst. Alte Sitten, wie z.B. eigenmächtige Sperrzeitverkürzungen Deiner Gäste, Lokalrunden „aufs Haus", Füße auf den Polstern und das Anpöbeln anderer Gäste solltest Du mit aller Hartnäckigkeit sofort unterbinden, ohne Kompromisse. Wer mit Deiner Art nicht leben kann, schickst Du zum Nachbarn. Auf die paar Wichtigtuer bist Du nicht angewiesen, und viel schlimmer, verderben sie Dir den Ruf und den Geschäftscharakter Deines Ladens. Den musst Du, nur Du prägen,

sonst niemand auf dieser Welt.

Ein Betrieb kann nur laufen, wenn Du ihm Deinen Stil regelrecht auf-
drängst. Scheue Dich deshalb niemals, sogenannten früheren Stammgästen - meistens die Schlimmsten von allen - klipp und klar zu verkli-
ckern, wer hier der neue Käpt'n ist. Du vergraulst Dir sonst todsicher genau die Gäste, von denen Du einmal leben willst. Jedes Geschäft
braucht seinen Charakter, seine Kultur, auch eine Döner-Bude. Oder was
meinst Du, woran es liegt, dass die eine Gyrosbude „läuft" und die andere nicht? Genau daran!

Gewerbeaufsicht

Der Amts-Terminator kommt nach Deiner Gewerbeanmeldung rela-
tiv schnell mal vorbei und kontrolliert, wie es um die Arbeitssicherheit in
Deinem Haus bestellt ist: Rutschige Treppen, Personalräume ohne Tages-
licht, Stolperschwellen, Küchengeräte mit defekten Steckern, Steckdo-
sen ohne Abdeckung usw. Er arbeitet mit der Berufsgenossenschaft zusammen, in der Deine Mitarbeiter Pflichtmitglieder sind. Du selbst bist seit
kurzem nicht mehr zu einer Zwangsehe mit der Berufsgenossenschaft
gezwungen. Sie ist die Unfallversicherung für Betriebsunfälle Deiner Angestellten und Dich selbst. Man hört, dass sie Leistungen nur sehr wider-
willig erbringen soll, wenn sie mal gefordert ist.

Besonders wichtig, auch in Deinem eigenen Interesse, ist ein gut
ausgestatteter Erste-Hilfe-Kasten inklusiv Unfall-Datenblatt, in das auch
jede Schnittwunde oder kleine Brandverletzung eingetragen werden
muss. Des Weiteren brauchst Du Datenblätter für Säuren und Laugen in
Deinem Betrieb, also zum Beispiel Reinigungsmittel. Dies musst Du bei
einer Verätzung der Haut oder Augen dem Notarzt vorlegen, damit dieser schnellstmöglich Gegenmaßnahmen einleiten kann.

Halte soweit möglich die Vorschriften ein, weil Du bei Versäumnissen gegebenenfalls persönlich haftbar gemacht werden könntest, wenn die Versicherung nicht leisten will.

Und streite mal rum mit einer Versicherung ....! Da kannst Du Dir auch 12 Advokat-Karten von Anwalts Liebling zulegen, das hilft nichts.

Lebensmittelkontrolle – Verbraucherschutz

Sei und bleib immer freundlich und zuvorkommend, egal was passiert, wenn der Prüfer im Landeanflug ist! Klugscheißer werden hier vom Inspektor abserviert, nicht selten mit hohen Bußgeldern, die bar zu zahlen sind. Also: Wenn Du was verbockt hast, etwas nicht den Hygienevorschriften entspricht oder Du eine tote Katze im Kühlschrank hast: Gib's einfach zu, bedaure den Vorfall nachhaltig und versichere, dass so etwas nie wieder vorkommt. Lässt Du es auf eine Machtprobe ankommen, wirst Du sehen, wer am längeren Hebel sitzt. Dieser längere Hebel wird Dich in der Luft verhungern lassen, wenn er auch nach der 3. Kontrolle gesundheitliche Gefährdung für Deine Gäste erkennt.

Und wer sucht, der findet auch,

besonders ein Lebensmittelüberwacher

Ein, zwei, drei, Polizei: Die kommt und sperrt Dir Deinen Traumladen zu, und dann hast Du schon wieder ein Problem.

Die goldene Putzregel:

Halte Deinen Laden und die Kühlanlagen immer so sauber wie Du das mit Deiner Wohnung tun würdest, wenn sich Deine putzbegeisterte Schwiegermutter anmeldet: Dann kann Dir bei einer Kontrolle nicht viel passieren.

Nachbarn

Vielleicht lädst Du die Hausanwohner und direkten Nachbarn persönlich zur Eröffnung ein, damit Du sie mal siehst - und sie Dich. Es wird, und das ist sicher, immer mal ein kleines Problem geben. Sei es, wenn du jemanden lautstark vor die Tür setzen musst oder Gäste, die in ihrem 45-PS-Golf vom

letzten Grand Prix träumen und vom Parkplatz quietschen:

Das hat Beschwerden bei der Polizei oder Gemeinde zur Folge. Dies wiederum zieht Probleme nach sich, die Dich unnötig und überflüssigerweise Nerven und Zeit kosten. Wenn Dich die Nachbarn kennen und wissen, dass Du kein vogelwilder Hallodri bist, kommen sie zuerst zu Dir - meistens.

Denk daran, dass Du ja längere Zeit dort zu verbringen planst und das Geschäft Deine Existenz bedeutet.

Belastungen im Grundbuch

Nimm Dir die Zeit und schau beim Grundbuchamt, das Teil des örtlichen Amtsgerichts ist, vorbei. Sind Grunddienstbarkeiten eingetragen oder sonstige Belastungen, von denen Dir Dein Vermieter nichts erzählt hat? Parkplätze für Nachbarn, Durchfahrtsrechte Dritter, Nutzungsbeschränkungen usw. Du hättest natürlich bei Verschweigen das Recht auf Wandlung Deines Vertrages, nur, denke praktisch: Du willst Geld verdienen, hast auch schon investiert und Vorbereitungsarbeiten durchgeführt. Das ist alles für die Katz, wenn Du erst später Nutzungsbeschränkungen feststellst, mit denen Du nicht leben kannst.

Parkplätze

Einige Städte und Gemeinden schreiben eine Mindestzahl von Parkplätzen für Deine Gäste vor. Die Anzahl ist abhängig von der Sitzplatz oder Quadratmeterzahl Deines Lokals. Wenn Du die Parkplätze nicht nachweisen kannst, musst Du unter Umständen diese ablösen, also kaufen. Gehören tun sie Dir deshalb noch lange nicht.

Pro Platz sind schnell 10.000 Euro dahin,

und wenn Du zehn Stück vorgeschrieben bekommst, solltest Du schleunigst eine neue Geldquelle ausfindig machen. Um 10.000 Euro zu zahlen, musst Du knappe 100.000 umsetzen, halte Dir das vor Augen. Also informiere Dich am besten vorher beim zuständigen Sacharbeiter der Gemeinde oder des Rathauses.

Wenn Du alles schriftlich willst, wird er annehmen, dass Du misstrauisch bist und könnte dies persönlich nehmen. Du brauchst ihn mal wieder, für eine schnelle Sperrzeitverkürzung oder einen kleinen Bauantrag, den er dann so durchgehen lassen könnte. Also pflege ihn ein wenig. Schreibe ihm nach Eurem Gespräch einen netten Brief, in dem Du alle Eckdaten festhältst und ihm zusätzlich eine weitere unbedeutende Frage stellst, die er Dir schriftlich beantwortet. So hast Du, quasi hintenherum Deine schriftliche Bestätigung. Wenn Du so flexibel nicht sein kannst und immer nur auf Dein Recht pochst, ist auch gastronomisch nicht viel mit Dir los. Vielleicht verkaufst Du lieber Blumen oder Benzin. Vergiss nie: Du hast Gäste, keine Kunden.

Sicherheitsübereignungen des Vorgängers

Löse kein Inventar, Geräte, Maschinen, Zelte, Theke oder Küche beim Vorgänger ab, bevor Du nicht absolut sicher bist, dass der diese Dinge nicht schon längst bei der Bank, Brauerei oder Verpächter zum Beispiel aufgrund von Mietschulden versilbert, also sicherheitsübereignet

40

hat. Zwar hast Du gezahlt, aber keinen Eigentumsanspruch darauf. Du müsstest Dein sauer verdientes Geld zurückfordern, also einklagen: Hast Du schon mal etwas bei jemandem geholt, der nichts hat? Er hat Dich zwar betrogen und muss auch dafür gerade stehen, aber Dein Geld bist Du trotzdem los.

Warum hört Dein Vorgänger auf? Hat er Millionen verdient

und eröffnet damit ein Nobelcasino in Las Vegas?

Manchmal schon, meistens nicht!

Prüfung des Eigentums bei Abstandszahlung

Lass Dir bei Übernahme von Inventar ausdrücklich schriftlich bestätigen, dass hierüber keine Pfändungen oder Sicherheitsübereignungen vorliegen, also uneingeschränktes Eigentum des Verkäufers ist, über das er ALLEIN verfügungsberechtigt ist. Hast Du Zweifel, kannst Du bei der Bank, dem Automatenaufsteller, der Brauerei oder einem der größeren Lieferanten nachfragen. Diese sind die üblichen Kreditgeber, die mit Sicherheitsübereignungen arbeiten. Hat der Bösewicht allerdings Geld von seiner Großmutter bekommen, kommst Du selten dahinter. Die kommt nach 3 Monaten und macht ihr Eigentum an Deiner Friteuse geltend, wo Du heute doch gerade „Wiener Backhendltag" hast und der Bürgermeister reserviert hat. Dann stehst Du da und fragst: „Warum hat mir das niemand gesagt"?

Jetzt weißt Du es.

Steuerberater

Vorsicht: Suche Deinen Steuerberater gründlichst aus. Zum einen, weil er Dir alles erzählen kann, und zum anderen, weil er immer sein Geld bekommt. Er sieht nämlich, wenn er nur einigermaßen gut ist, wann Du in die Pleite treibst. Er wird sein Honorar kassieren und weitere Tätigkeiten einstellen. Das Du einen Steuerberater allerdings brauchst, ist klar. Die Lohn- und Finanzbuchhaltung kriegst Du selber nicht auf die Reihe, und wir wollen doch korrekt arbeiten? Vereinbare mit ihm auch die Personalbuchhaltung, An- und Abmeldung Deiner Mitarbeiter für Lohnsteuer und Krankenkasse. Das ist sehr wichtig. Die Strafen für Nichtanmeldung - im Klartext Schwarzarbeit - sind hoch, und nach mehrmaligem Verstoß

wird man Dir die Konzession entziehen,

weil Du nicht mehr als zuverlässig giltst. Dann kannst Du nicht mal mehr Melonen am Straßenrand verkaufen. Also achte drauf!!

Du bist verpflichtet, auch bei Probearbeit einen sog. Einfühlungsvertrag mit dem Bewerber abzuschließen. Informiere Dich auch über die Sofortmeldung. Diese musst Du - auch als Fax möglich – absenden, bevor Dein Probearbeiter auch nur den Wasserhahn in der Küche berührt.

Gastro -Traumtänzer

Sei jede Minute auf der Hut! Viele haben gastronomisch keine Ahnung. Noch viel mehr haben überhaupt keine Ahnung vom Geschäft. Das sind die neunmalklugen, die eine schnelle Mark machen wollen. Mit Glück kannst Du sicherlich gastronomisch irgendwo ein schnelles Geld machen, aber wir reden ja hier von einer langfristigen und ertragreichen Existenz, die Du Dir sauer verdienen und aufbauen musst. Und das ist nicht so leicht, wie das einige Abschreibungskünstler meinen. Kohle auf den Tisch, ein Lokal kaufen und los geht's. Die schlauen Burschen suchen sich einen drittklassigen, weil billigen Geschäftsführer und beschweren sich dann über den fehlenden Ertrag : Da fehlt der Durchblick.

Genauso solltest Du Deinen Geschäftsleiter sehr genau aussuchen, wenn Du der Financier bist. Hier sind viele Abstauber, Taugenichtse und noch mehr Alkoholiker unterwegs. Lass Dir in aller Ausführlichkeit Zeugnisse und Referenzen zeigen und kontrolliere diese auch. Beispielsweise durch Anrufe bei früheren Arbeitgebern oder dem Finanzamt. Wenn Du geschickt fragst, erfährst Du hier, was Du willst.

Nicht versäumen solltest Du auch die Einsichtnahme in das polizeiliches Führungszeugnis des Kandidaten und in den Auszug des Gewerbezentralregisters. Eine Unbedenklichkeitsbescheinigung des Heimatfinanzamtes macht Dein „Rundum-Sorglospakt" perfekt. Da siehst Du gleich, wo Dein Geschäftsführer schon überall gepatzt hat. Diese Unterlagen muss Dein bester Mann oder Deine beste Frau bei der Gemeinde / Rathaus für wenige Euro beantragen. Um eine Stellvertretererlaubnis zu erlangen, braucht er/sie diese Unterlagen dann sowieso.

Gastronomie lebt von der Pflege des Gastes,

jedes einzelnen. Von Deiner Beziehung zu ihm. Nur so kommt er zurück und empfiehlt Dich weiter.

Der beste Beweis ist, dass Du von Klasse-Lokalen, die wirklich gut laufen, nie irgendwo Werbung siehst. Sie leben von Mundpropaganda. Genau das sollte Dein Ziel sein.

Die Gastronomie ist eine Branche, die sich mit keiner anderen vergleichen lässt. Die meisten Unternehmer sind zeit- und rastlos, ohne Planung in den Tag hinein, ein jeder Bewerber wird genommen, da allerorts Arbeitskräftemangel besteht; so läuft's bei den meisten. Gehöre Du nicht dazu - nimm Dir immer genug Zeit, um Vorgehensweisen und Arbeitsabläufe zu überdenken und ggf. zu korrigieren.

Geschäftsführer

Wenn Du selbst, wie der Volksmund sagt, Geschäftsführer bist oder sein willst (Deine korrekte Bezeichnung ist Geschäftsleiter oder Betriebsleiter), beachte folgende Punkte: Sei immer supergenau, was die Finanzen betrifft. Abrechnungen müssen stimmen, Einzahlungen auf den Cent genau gezählt sein. Lass Dich nie, in keinem Fall, von Lieferanten kaufen.

Wenn Du nur einen Euro nimmst, bist Du erpressbar, und das ist der Anfang vom Ende.

Immer wieder versuchen besonders „gute" Lieferanten, Dich mit Geld, Urlaubsreisen oder Einladungen dazu zu bringen, ihre Ware zu kaufen. Wenn Du keine Probleme willst, setze diese auf der Stelle vor die Tür. Du betrügst damit Deinen Betrieb, vergiss das nicht. Wenn Du einen Küchenchef hast, schau auch hier genau hin, ob er für „kleinere Zuwendungen" offen ist.

Notfalls kontrolliere ihn mit Hilfe eines fingierten Lieferantenbesuchs. Du bist für stimmige Zahlen im Betrieb verantwortlich!

Du musst in jeder Situation Vorbild sein, in Sauberkeit, Kleidung, Pünktlichkeit, Arbeitstempo und Überblick. Das setzt eine gewisse, wie man sagt, „Weltgewandtheit" voraus, auch etwas Schlitzohrigkeit im positiven Sinn sollte in Dir stecken. Die hast Du mit 20 Lebensjahren natürlich noch nicht, deshalb fallen Dir manche Dinge schwerer als anderen Kollegen. Aber Übung macht den Meister.

Du brichst Dir keinen Zacken aus der Krone, wenn Du Ratschläge annimmst. Aber nur, wirklich nur von Leuten, denen Du blind vertraust und die Erfahrung in der Führung eines gastronomischen Betriebes haben.

Alle anderen schickst Du zum Friseur, der freut sich über

kluge Menschen und Neuigkeiten.

Hast Du selbst Deine Linie noch nicht gefunden, kennst Du sicher jemanden, über den Du denkst: So wie der will ich meinen Betrieb auch führen, der kann was und ist gut drauf. Nimm ihn Dir zum Vorbild, kopiere ihn ruhig. Setz Dich in sein Lokal, beobachte ihn bei allen Tätigkeiten. Frage ihn, ob Du zwei Tage bei ihm aushelfen darfst, ohne Bezahlung. Bei allen anfallenden Entscheidungen, die Dir schwierig erscheinen, frage Dich, was Dein Vorbild-Genie tun würde, wie er sich bewegen würde, wie er sich äußern würde, ob er sich setzen oder Handstand machen

44

würde oder was auch immer. Das macht Dich in gewissen Situationen stark und selbstbewusst. Bei der Menge der täglich sofort zu treffenden Entscheidungen musst Du manchmal Dein hoffentlich vorhandenes Schauspielertalent einsetzen.

Behalte als Geschäftsführer immer die Oberhand, das soll heißen: Nur Du lenkst die Geschicke des Ladens. Höre Dir Vorschläge Deiner Getreuen und derer, die es wert sind, an. Aber entscheiden musst Du, ganz allein. Du trägst ja auch die Verantwortung, die erste und die letzte. Schäbig ist, eine Fehlentscheidung auf Deine Leute zu schieben. Das zeugt von tiefgreifender Charakterschwäche und außerdem wirst Du von niemandem mehr einen einzigen Verbesserungsvorschlag hören.

Du musst durch Fachwissen glänzen

Das ist der einzige Weg für Dich. Nur dann wirst Du respektiert und bist in der Lage, Deinen Laden kompetent zu führen. Denn Deine Mitarbeiter sind Dein Kapital, sie sind an der Front, das Bindeglied zu Gast und Geld. Spiele immer den Erfolgreichen, wie auch immer. Menschen arbeiten gern mit Gewinnern. Ein Loser bleibt ein Loser.

Innerhalb Deiner ersten Arbeitswoche solltest Du einen aus dem alten Team, das du übernommen hast, feuern. Damit die anderen wissen, wer der neue Dirigent ist. Es gibt immer jemanden, der es verdient hat.

Auch beim restlichen Personal solltest Du Dich nicht blenden lassen. Wenn schon einer erzählt, dass er beim Scheich von Dubai gekocht hat und Erfahrung aus den ersten Häusern New York's vorweisen kann, fragst Du Dich: Warum ist dieser Mensch nicht Küchendirektor in einem Fünf-Sterne-Hotel am Strand von Miami bei einer lockeren 4-Tage-Woche und 12000 $ netto, sondern braucht ausgerechnet bei Dir einen Job, wo Du doch gerade erst eröffnest? Warum?

So viele „Windbeutel" wie hier

wirst Du Dein ganzes Leben lang nicht mehr treffen

Also genieße es auch ein wenig, und Du wirst im Alter Deinen Enkeln viel erzählen können. Du musst Dich eben um Nachwuchs kümmern, wen willst Du sonst zuquatschen, wenn Du mit 85 im Altersheim sitzt?

Der große
GastroManager

**Handbuch für die tägliche Praxis
in den Disziplinen**

Recht, Prozessmanagement, Kalkulation, Personalführung,
Arbeitsrecht, Marketing, Selbst- und Zeitmanagement,
strategische Unternehmensführung

von

Andreas J.H. Hein

IHK Küchenmeister
Ausbilder nach AEVO
Betriebswirt
Studiosus Dipl. Wirtschaftsjurist
ehem. Chefredakteur im
Verlag für die Deutsche Wirtschaft

✓ im Buchhandel
✓ Onlinebuchshops
✓ eBook

Tägliche Entscheidungen

Qualifiziertes Personal

Findest Du fast nicht! Fachleute mit Ausbildung arbeiten in großen, bekannten Restaurants oder Hotelketten. Sie schlagen irgendwann die Managerlaufbahn ein. Also: Du musst Mitarbeiter finden, die Spaß an der Sache haben und sich für Deinen Laden einsetzen. Wenn sie dann noch lernfähig und -willig sind, hast Du schon halb gewonnen. Ein Laden mit freundlichen Bedienungen, Schülerinnen oder Studentinnen, hat dazu noch ein besonderes Flair. Die meisten „Gelernten" wollen Dir meist sowieso nur erzählen, was fachlich richtig und falsch ist. Einige fachliche Grundsätze solltest Du schon beachten, aber vergiss nicht, dass Du Deinen eigenen Laden führst, so wie DU es magst. Sonst gar nichts. Und beschreite nicht immer nur ausgetretene Pfade in allen Entscheidungen.

Probiere neue Abläufe aus, die schneller und effektiver sein können als Althergebrachtes. Lass Dir gesagt sein: Deine Mitarbeiter sind Dein Kapital. Zwei flotte Mädels bringen Dir mehr Gäste als sechs frustrierte gelernte Bedienungen.

Einstellungsgespräch

Sieh Dir das Gesamtbild an. Von der Begrüßung bis zum Hinsetzen, Erzählen von früheren Tätigkeiten. Frag, frag, frag! Der Bewerber soll erzählen. Wer fragt, der führt. Was der nun letztendlich in den vergangenen Jahren getrieben hat, soll Dir egal sein. Die Frage ist:

passt dieser Mensch - sofern er einer ist - in mein Traum-Team,

das ich aufbauen will? Ist er kooperativ, vertritt er Dein Lokal und ist er Dir gegenüber loyal? Wenn Du die geringsten Zweifel hast, lass ihn lieber laufen. Nichts auf dieser Welt ist nervenaufreibender als eine zickige Mannschaft führen zu müssen.

Sage niemals gleich beim Einstellungsgespräch zu oder ab. Das hat mit Unternehmenskultur zu tun. Notiere Dir alle Eckdaten und sage dem Bewerber zu, ihn spätestens 14 Tage später (oder wenn's brennt, dann morgen) anzurufen und Deine Entscheidung mitzuteilen. Darauf sollte mindestens ein Probearbeitstag folgen, den Du mit einem Taschengeld vergüten kannst. Das zeigt dem Bewerber auch gleich, wer hier die Arbeit verteilt. Brauchst Du Auskünfte, ist es üblich, den vorherigen Arbeitgeber zu konsultieren. Bei Betrug oder Diebstahl Deines Star-Kellners im Vorbetrieb muss man Dir das mitteilen. Das weitbekannte Sprichwort

„er war Kellner - und sie klaute auch"

stimmt definitiv nicht. Aber sei auf der Hut. Sei immer auf der Hut, was immer Du tust. Und gib Dein Vertrauen immer nur scheibchenweise, Du fällst sonst unweigerlich mal auf die Nase (manche auf den Rüssel). Lass die Formulare zur Einstellung sorgfältig ausfüllen und lasse sie zwei Tage liegen, bevor Du sie nochmals ansiehst. Dann kannst Du objektiver urteilen und Deine Auswahl treffen. Fragebögen zu Einstellungsgesprächen findest Du im Internet. Unter gastroload.de erscheinen zweckmäßige Checklisten und Formulare, aktualisiert zum Sofortdownload mit TÜV-zertifizierter, sicherer Abrechnung.

Die Regel ist allerdings: Du brauchst Deine Super-Bedienung sofort, am besten gestern. Entscheide in diesem Fall „aus dem Bauch heraus". Das ist fast immer richtig.

Kopfentscheidungen sind vorteilhaft, wenn es um nackte Zahlen und Prognosen geht. Mit der Lebenserfahrung nimmt aber auch der Entscheidungsspielraum aus Bauch und Herz zu. Du „fühlst", dass eine Entscheidung richtig ist. Und stehst dann mit Deinem ganzen ICH dahinter.

Du sollst führen und delegieren. Viele Dinge nehmen Deine Zeit in Anspruch:

Fässer anzapfen, das Licht am Eingang funktioniert nicht, die Weinbestellung ist fällig, die Tageskarte muss geschrieben werden, telefonische Anfragen über eine Reservierung, die Toilette ist verstopft, Deine Putzfrau fühlt sich für morgen nicht so und die Eiswürfelmaschine hat ihr Leben ausgehaucht. Diese Dinge kommen, wie von Geisterhand, immer alle zusammen. Hab Vertrauen in den besten Deiner Angestellten und übertrage ihm so viele Aufgaben wie möglich. Der soll wieder einige für ihn unwichtigere Aufgaben weiterdelegieren. Sehr wichtig dabei: die Kontrolle der verteilten Aufgaben.

Sonst ist alles delegiert, aber nichts erledigt!

Und urplötzlich verwandeln sich deine 16-Stunden-Tage in 19 an der Zahl.

In der Prioritätenliste ganz oben steht für Dich die Kontrolle in jeder Form, Pflege der Gästekontakte, Reklamationsbearbeitung, Vorbildfunktion und Repräsentation Deines Betriebes nach außen.

DAS IST DEIN JOB UND NICHTS ANDERES !

Und nur so kannst Du Geld verdienen.

„Hier kocht der Chef selbst" gilt vielleicht noch als Markenzeichen für einige sehr sehr wenige Familienbetriebe. Es ist nicht Deine Aufgabe, Schnitzel zu panieren und Kartoffelpüree zu stampfen.

Wenn Du meinst, Du müsstest jeden Tag eine Küchen- oder Serviceschicht abdecken, um Personalkosten zu sparen, bist Du auf dem Holzweg. Du musst Deinen Laden füllen, damit Du weitere Mitarbeiter einstellen kannst. Vervielfache ihre Arbeit, indem Du Gäste herschleppst. Verbringe einen Teil Deiner Zeit bei der Konkurrenz, in Diskos, Sportvereinen oder Veranstaltungen in Deiner Stadt. Lass Dich sehen, präsentiere Dich sympathisch. Verteile Unmengen von Visitenkarten (immer 50 Stück dabei haben), vielleicht in Verbindung mit einem Gratis-Cocktail oder einem Glas Wein. Dein Geschäft ist Kommunikation. Strahlst Du immer Optimismus aus, füllst Du so Deinen Laden in zehn Tagen.

Kündigung

Werde nicht zum rücksichtslosen Rausschmeißer, aber was sein muss, muss sein. Schau Dir Deinen Kandidaten während der am besten 6-monatigen Probezeit genau an. Leistet er sich hier schon Patzer, hau ihn raus. Später wird es schwierig. Rechtsberatungen zu diesem Thema füllen unzählige Bücher. Du solltest Dich informieren. Wenn Du jemanden raushaben musst oder willst und keinen Grund findest, der vor dem Arbeitsgericht Bestand hat, wäre es nicht ganz legal, wenn Du ihm einen silbernen Löffel in die Tasche steckst- und diesen auch noch findest.

Obwohl Diebstahl ein triftiger Kündigungsgrund ist

Oder Alkoholismus. Lass ihn einfach mal während der Arbeitszeit gegen das Alkoholverbot verstoßen, indem Du ihn zu einem doppelten Vodka Red Bull einlädst. Menschlich gesehen nicht sauber, aber hier steht Deine Existenz auf dem Spiel.

Und es soll auch Menschen geben, denen es Spaß macht, Deine Arbeit kaputt zu machen. Aus Neid oder einfach so. Du wirst Sie kennenlernen.

Dein Laden ist, zumindest momentan, Dein Leben. Also gestalte Dir Dein Leben nach Deinen Vorstellungen. Vielleicht sind andere besser. Aber nicht für Dich. Also: Taugenichtse raus aus Deinem Leben. Du kannst sonst schlecht schlafen und wirst nervös, und das ist schlecht für alle.

Große Angst vor Arbeitsgerichtsprozessen brauchst Du nicht zu haben. In der ersten Verhandlung wird fast immer auf einen Vergleich gedrängt. Da der Arbeitnehmer den Vorschuss zum Tätigwerden seines Anwalts selbst tragen muss und dann bei einer möglichen zweiten Verhandlung natürlich den Ausgang nicht kennt, wird er sich fünfmal überlegen, ob er diesen Schritt wagt. Arbeitsrechtschutz haben die allerwenigsten. Das soll man nicht ausnutzen, aber denk daran, dass die Welt nun mal ungerecht ist und Deine 16-Stunden-Tage Profit abwerfen müssen. Schmeiß Dein Geld keinen Laumalochern in den Rachen. Und: Lass Dir niemals die Verantwortung für die Fehler, die andere gemacht haben, aufdrängen!

Einkauf

Du brauchst an Lieferanten und Technik:

- Gemüse

- Fleisch

- Trockenware/Konserven

- Molkereiprodukte

- Entsorger (getrennt nach Papier,

  Glas, Blech, Wertstoff, Zigarettenkippen, Altfett)

- Büroartikel

- alkoholfreie Getränke

- Weine-Spirituosen-Biere

- Musikanlage

- Kasse

Bei Telefon, Strom, Wasser informiere Dich genau, ob Leasing- oder Altverträge bestehen, die Du vielleicht per Vertrag mit übernommen hast. Auch überteuerte Wartungsverträge solltest Du sofort schriftlich per Einschreiben kündigen. Dazu hast Du als neuer Inhaber grundsätzlich das Recht. Verbrauchszähler solltest Du mit einem Zeugen, der mit unterschreibt, genauestens ablesen. Da sind schon die tollsten und teuersten Dinge passiert. Dein Zeuge sollte ein halbwegs normaler Mensch sein. Ein Richter schenkt jemandem mit langen, fettigen Haaren, 3-jahres Bart und dunkelschwaren Augenringen einfach wenig Vertrauen.

Preisverhandlung

Drücke bei Verhandlungen Deine Lieferanten nicht immer bis aufs letzte Minimum. Jeder muss rechnen, auch Dein Lieferant. Sei einfach seriöser Verhandlungspartner, davon haben dann alle etwas.

„Erbsenzähler" werden schlussendlich generell gemieden,

da sich das natürlich herumspricht. Die Lieferanten, bei aller Konkurrenz, kennen sich untereinander und treffen morgens um vier Uhr auf dem Großmarkt zum Frühstück aufeinander. Und die können besser tratschen als Deine gefürchtetste Nachbarin, das glaub mal einfach. Korrekte Abschlüsse zahlen sich auf Dauer aus. Mal eine Empfehlung, mal ein Lieferantenessen, Informationen über die Konkurrenz. Das bekommst Du im Verkaufsgespräch gratis mitgeliefert, wenn Du anständig bleibst. Also: Rechnen, kalkulieren, leben und leben lassen. Wer Dich allerdings übers Ohr hauen will, den schickst Du auf die dunkle Pfefferinsel, sofort. Du solltest das fairer weise auch Deinen Kollegen mitteilen, die Du so kennst.

Einkaufsgenossenschaften

Viel Geld kannst Du sparen, wenn Du einer der vielen Einkaufsgenossenschaften beitrittst. Informiere Dich aber genauestens über deren

Konditionen. Am vorteilhaftesten sind kleine, bodenständige Genossenschaften, die teilweise ohne Gewinnabsicht ins Leben gerufen werden. Einfach als eine gastronomische Gemeinschaft. Dort kannst Du meistens auch günstige Versicherungen abschließen oder Strom aus einem „Pool" beziehen. Eine Einkaufsgenossenschaft rechnet sich meistens.

Aktionen

Mach immer wieder mal was anderes: Mittags-Aboessen, ein gescheiter Musikant am Abend, Happy-Hour, Krokodilsteak auf Palmherzensoufflé, einen Prosecco-Cocktail für die Damen, Buffet „all inclusiv" in Deiner (sauberen!) Küche, Kochkurse mit Deinem ägyptischen Küchenhelfer, drucke ein kleines Kochbuch Deiner Spezialitäten, reiche Punsch am kalten Sommerabend. Das sind Deine „Reißer"!

Die Sekretärin muss morgens überwältigt in ihr Büro kommen, der Automechaniker in seine Werkstatt und der Beamte noch vor seiner sechsten Kaffeepause: Sie müssen über Deinen ungewöhnlichen Auftritt berichten, schwärmen und begeistert sein. Das ist der Punkt: Guten Service und ein gepflegtes Bier bekommst Du oft.

Deine Gäste aber sind BEGEISTERT!

Von Deinem Angebot, Deinen Manieren, Deiner Präsentation, Deiner Schnelligkeit, Deiner Freundlichkeit. Und plötzlich ist Dein Laden jeden Tag voll. Das ist der einzige Weg. Wirklich der einzige! Vergiss Annoncen und große Werbeetats. Vergiss sie wirklich. Es verdient damit nur die Zeitung. Wenn Du eine Annonce für 100 Euro schaltest, musst Du mal 1000 dafür umsetzen. So sieht's aus.

Setz mal Stammgastkarten ein, die Du Dir in zehn Minuten selbst druckst: Kreditkartengröße, damit sie in den Geldbeutel passen. Dein Logo sollte ganz oben stehen. Dein Gast steckt die Karte nämlich in sein Kreditkartenfach, und jedes Mal, wenn er seinen Geldbeutel öffnet, leuchtet ihm das Logo des allerbesten Bistros / Restaurants entgegen.

Pro Mittagessen bekommt Dein Gast einen Stempel von Dir. Wenn er sechs oder acht Stempel hat, hat er sich ein Essen nach Wahl gratis verdient. Du sollst mal sehen, wie fleißig Deine Gäste sammeln!

Stille Tage

Nicht erlaubt sind Veranstaltungen mit Tanz oder Live-Musik an bestimmten Feiertagen oder am Abend vorher, den so genannten „stillen Tagen". Erkundige Dich bei Kollegen, bei Deiner Gemeinde oder Rathaus, da diese Tage in den Bundesländern unterschiedlich ausfallen. Ein Bayer hat eben andere wichtige Tage in seinem Leben als ein Berliner.

Tageskarte

Wichtig, wenn Du ein Restaurant oder Bistro betreibst: Biete mittags täglich wechselnde kleine Gerichte zum moderaten Preis an. Deinen Gästen soll's gefallen, sie sollen abends wiederkommen und eine ordentliche Zeche machen. Die Preise solltest Du an der unteren Grenze ansiedeln: Wer nämlich täglich von Montag bis Freitag bei Dir zu Mittag isst, rechnet sich selbstverständlich mal aus, was ihn der Spaß pro Monat kostet. Außerdem kreierst Du ja in der Regel mittags kleinere Portionen, weil jeder noch die Hälfte des Arbeitstages vor sich hat. Ganz wichtig: Gib eine Schnelligkeitsgarantie. Nichts ist ärgerlicher als in einer 30-Minuten-Mittagspause 25 Minuten auf das bestellte Essen warten zu müssen.

Du solltest also erstklassig vorbereitet sein. Fertig- oder Halbfertigprodukte zu verwenden ist keine Schande, wenn Du sie aufpeppst. Denk dran: Wen Du einmal enttäuscht hast, der kommt nicht wieder und tratscht es auch noch weiter. Im Schnitt, so haben kluge Menschen ermittelt, kostet Dich ein unzufriedener Gast dreißig potentielle neue Gäste.

Tipps zur schnellen Bistrokarte findest Du am Ende des Buches.

Du kannst Dir 650 Bücher über Kalkulation kaufen oder langwierige Seminare besuchen, die Dich eine Menge Zeit kosten. Die meisten Autoren und Dozenten wollen nur Dein Bestes: Dein Geld. Die Wahrheit ist, und das sage ich Dir aus über zwanzig Jahren Erfahrung:

Der Markt bestimmt den Preis

(Dies ist nun mal nicht meine eigene Theorie, trotzdem stimmt sie) Was der Gast bereit ist zu zahlen, das soll er auch zahlen. Du musst natürlich abwägen, ob Du ein Nobelbistro betreiben willst oder eine umgebaute Garage (mit der Du wahrscheinlich am ehesten richtiges Geld verdienen würdest). Welchen Gästekreis bevorzugst Du? Was wollen Deine Gäste? Was willst Du?

Das Wiener Schnitzel kann, vollkommen identisch zubereitet, in einer Edel-Almhütte viermal so viel kosten als in einer Eckkneipe, mit vollem Recht. Lass Dich bei den Getränkepreisen ausführlich von Deinem Wein - und Spirituosenhändler und Deiner Brauerei beraten, sofern Du hier gute Partner hast. Die machen ihren Job meistens schon jahrelang und kennen sich einfach im Markt aus. Keiner kann alles wissen, und Du gibst Dir keine Blöße, wenn Du auch einfache und selbstverständliche Dinge nachfragst. Du outest Dich aber als Idiot, wenn Du nach drei Jahren immer noch nicht weißt, was ein „Cuba Libre" oder ein „Cordon Bleu" ist.

Toyota ist - einige der wirtschaftlich schlechten, tsunamibedingten Monate nicht mitgerechnet – ein Weltmarktführer. Das Unternehmen kalkuliert nach dem sog. „Target Costing", der Zielkostenrechnung.

Setze Deine Preise mal grob nach Gefühl fest und geh dann jeden Artikel in der Annahme durch, dass Du diesen Preis als Gast zahlen müsstest.

Eine spätere Kontrolle ist natürlich anzuraten, das heißt: Wie viel bleibt mir zwischen Einkauf und Verkauf in der Kasse hängen. Das ist der Deckungsbeitrag, von dem Du Deine tausend Rechnungen zahlen musst.

Der Deckungsbeitrag, und nur der, ist wichtig!

Sonst gar nichts.

Ob Dein Wareneinsatz 10 oder 45% beträgt, ist dabei vollkommen unerheblich. Der Wareneinsatz sagt NICHTS über Deinen Erfolg aus!

Beispiel:

Ein Käseomelette in Tomaten-Paprikacrème mit Salatgarnitur kostet Dich im Einkauf €1,25. Du verkaufst es für €6,25.

Wareneinsatz = 20 %, Deckungsbeitrag = €5,00.

Nun kaufst Du für einen halben Hummer, gratiniert mit Sauce Hollandaise und Kaiserschotenragout ein, was Dich €6,50 kostet. Du verkaufst ihn für €13,00.

Wareneinsatz = 50 %, Deckungsbeitrag = €6,50.

Beim Hummer hast Du €1,50 mehr verdient, macht bei hundert Essen pro Tag €150,00.

Das sind pro Jahr über €50.000!! Cash in die Tasche. Da staunst Du, was?

Natürlich ist es Blödsinn, nur Hummer verkaufen zu wollen. Weiterhin musst Du Zubereitungs- sowie Personalkosten mit berücksichtigen. Ich will Dir nur klarmachen, dass der so hoch gelobte Wareneinsatz nicht die geringste Bedeutung hat.

Obwohl Dich mit 50 % Wareneinsatz jeder

als gastronomischen Geisterfahrer bezeichnen wird.

Nun kannst Du Deinem Konkurrenten Paroli bieten, und Du wirst mit Deiner Yacht schon lange Fidel Castro oder einen seiner Nachfolger in der Karibik besucht haben, während Dein Kollege noch immer - verschwitzt und mit tiefen Augenringen - hinter seinem Ofen steht und sich überlegt, wie er seinen Wareneinsatz senken kann.

Präsentation - Menüs - Buffets – Kataloge

Stell mit Deinem Koch oder Küchenchef vier Menüs und drei Buffets zusammen, die preislich auf der Ebene Deiner zukünftigen Gäste liegen. Ein teureres darf ruhig dabei sein, um zu zeigen, dass Du kannst, wenn Du willst.

In einem Deiner vielen Computerprogramme gestaltest Du, oder noch besser, lässt gestalten z.B. von einem zuverlässigen Stammgast, der ständig bei Dir rumhängt und so was als Hobby betreibt. Der freut sich, im Leben auch mal was Nützliches tun zu dürfen. Gib ihm ein schönes Essen oder ein paar Bier aus und vergiss nicht, Dir die Datei auf Diskette oder CD aushändigen zu lassen. Übertreibe nicht mit Bildern und Clip Arts, Du willst doch Information bieten und kein Comic. Das Format sollte DIN A5, höchstens DIN A3 gefaltet betragen.

Es gibt immer wieder Anfragen zu Geburtstagsfeiern, Jubiläen, Hochzeiten, Weihnachtsfeiern usw. Gib Deine Speise- und Getränkekarte heraus sowie Deinen sauber ausgedruckten Menükatalog. Wirklich sauber und nagelneu: Wer hat schon Vertrauen in die professionelle Ausrichtung einer Feier, wenn Du nicht mal ein ordentliches Blatt Papier falten kannst?

Ausdrücklich versichern musst Du, dass Änderungen in der Speisefolge kein Problem darstellen. Jeder Hobbykoch in der Familie möchte bei Auswahl und Begutachtung der Menüs für die Festlichkeit seinen unprofessionellen Senf dazugeben. Das ist immer so! Lass ihn. Er ist der Fachmann des Familiennetzwerkes zum Thema „Kochen". Er sucht mit aus und berät, deshalb schmeckt es ihm zum „High Noon" auch besonders gut. Und alle anderen verlassen sich auf sein Urteil und kommen auch noch wieder, um eine saftige Rechnung bei Dir zu machen.

Zieh Dir Deine Gäste heran, einen nach dem anderen,

bis Dein Laden voll ist.

Besonders jetzt zu Beginn gib Dein Allerbestes.

Hast Du Fachfragen zu Menüs oder Buffets, sende eine e-Mail an post@gastroworks.de. Einer unserer Fachleute wird Dir helfen. Aufgrund unserer umfangreichen Beschäftigungen jedoch nicht innerhalb von 12 Sekunden. Sei ein wenig geduldig.

Geduld tut auch sonst immer gut. Versuchs mal.

Internet

Ein Internetauftritt, sei er auch noch so klein, ist heutzutage einfach Standard. Und eine günstige Werbemethode, die Du Dir nicht entgehen lassen solltest.

Da Du keine High-Tech-Page brauchst, buche Dir einen günstigen Speicherplatz bei Strato, Web.de oder einem anderen der vielen Anbieter, die ganze Webpräsenz kostet Dich einen guten Zehner – pro Jahr. Mach das selbst und online. Wer Dir die Einrichtung eines Speicherplatzes und Domaineinrichtung persönlich verkaufen will, zieht Dir zu 99 % nur das Geld aus der Tasche. Internet können schon sechsjährige, also gib ein bisschen Gas und kümmere Dich selbst. Dann kannst Du auch gleich ein wenig mehr mitreden. Fragen kostet nichts, und ruck zuck bist Du ein kleiner Fachmann auf diesem Gebiet.

Die Domain muss nicht der Name Deines Ladens sein, viele sind sowieso schon vergriffen. Ein markanter Name wie beispielsweise www.gourmetissimus.de oder etwa www.vegetari-walli.de für ein vegetarisches Bistro: An den erinnern sich Deine zukünftigen Gäste, wenn sie vom Büro aus surfen gehen, um sich für den Abend vorzubereiten.

Nimm als Beispiel unsere Schwesternpage www.gastroload.de. Der Name ist einprägsam, geht gut über die Zunge. Jeder kennt die Plattform musicload. Hier geht's nun nicht um Musik, sondern um Gastronomie. Du baust Deinem User somit eine Eselsbrücke, sich an Deine Webadresse zu erinnern. Wenn Du diese Adresse morgens im Bus, am Bahnhof oder auf einem Autoaufkleber liest, erinnerst Du Dich auch abends noch daran. So soll's sein!

Du kannst Deine Website in wenigen Sekunden täglich aktualisieren, beispielsweise für Deine weltberühmte Tageskarte oder schmutzige Cocktail-Happy-Hour.

Eine Homepage muss immer topaktuell sein.

Sonst lass es gleich.

Lass Dich nur nicht von selbsternannten Multimedia-Designern zuquatschen. Die meisten können weniger, als Du an einem Tag lernst. Finde auch hier jemanden aus Deinem Gästekreis. Der wird mehr als sein Bestes geben, um sich ein wenig hervorzutun. Und auch noch Deine Page bekannt machen. Lade ihn großzügig ein, und auch andere werden sich drängen, Dir einen Gefallen zu tun.

Und alles, was Du nicht selbst tun musst, spart Dir Zeit für die wichtigen Dinge des Lebens: Zum Beispiel in aller Seelenruhe beim Nachbarn einen Espresso zu trinken oder einfach mal so in die Sterne zu schauen. Vielleicht zwinkert Dich mal einer an!

Vergiss nie, ein wenig zu philosophieren über Dich, Dein Leben, Deine Lieben und Träume, Deinen Laden. Nur für Dich. Ohne Verpflichtung, ohne Zeitdruck, ohne mal der Mittelpunkt zu sein. Du erreichst unglaublich viel, wenn Du an Deinem Image etwas arbeitest, also locker bleibst, nicht immer den obergetressten spielst, aber dafür den Überblick behältst. Nicht nur im Betrieb, sondern im Leben. Mehr dazu unter „Design your image".

Kontrolle und Formular

Sei immer großzügig zu Dir selbst – nur hier nicht

Alle Formulare solltest Du Dir auf Deinem Computer vorfertigen und dann nach Bedarf ausdrucken. Du bist dann flexibel und immer in der Lage, diese aufzurufen und Deinen Bedürfnissen anzupassen. Du hast also keine Schmierereien und handschriftlichen Änderungen auf Deinem vorbildlich geführten Papier-Kriegschauplatz

Oder Du bist ganz klug und bestellst, wie viele zufriedene Gastronomen vor Dir, beim Heinrich-Hein-Verlag „GASTROWORKS" mit allen benötigten Formularen, Dateien und Listen auf CD-ROM, die Du so brauchst. Diese sind alle in Excel- oder Word-Programmen geschrieben, welche heute eigentlich auf fast jedem Computer installiert sind. Du kannst dort individuelle Änderungen vornehmen und einfach ausdrucken. Das ist wirklich effizient!

Damit Du den Kopf frei behältst, nimm Dir Checklisten her und hake ab, was erledigt ist. Am besten alles auf dem Computer, dann ist Dein Schreibtisch immer sauber und aufgeräumt. Denk dran, dass Dich auch mal Gäste im Büro aufsuchen. Wenn dann fünf überquellende Aschenbecher, drei vertrocknete Rotweingläser und acht alte Bildzeitungen, die Du sowieso nicht lesen solltest, zwischen 590 Formularen, Verträgen und Angeboten herumfliegen, ist das nur eins: **peinlich!**

Tageseinnahmen

Täglich zur Bank bringen solltest Du Deine sauer verdienten Kohlen. Erst mal, damit Du liquide bleibst und zweitens, weil Deine Bank bei einem eventuell kurzfristigen Engpass regelmäßige Zahlungseingänge feststellen kann und Dich automatisch positiv bewertet. Zur Überbrückung bekommst Du dann eher einen kleinen Kontokorrentkredit. Das passiert schneller, als Du glaubst: Die Jahresprämie für Deine Geschäftsversicherungen wird fällig, Deiner Freundin hast Du mit 1000 Euro unter die Arme gegriffen, weil das Auto kaputt war und sie Dir ja immer so fleißig hilft, wenn's mal brennt (und es brennt eigentlich immer), die GE-MA will die Gebühr für den letzten Liveauftritt Deiner Lieblingsband, der Steuerberater rechnet sein Quartal ab und der Backofen, in dem Du Deinen weltberühmten Nudel-Algenauflauf zubereitest, hat die Fühler gestreckt und ruft nach seinem Monteur: Da ist er schon, Dein Engpass.

Wickle also alle Zahlungsgeschäfte über Dein Konto ab

Außer die Schwarzgeschäfte, die Du ja nicht tätigst, weil sie illegal sind. Hüte Dich vor Schwarzgeld und lass erst recht niemanden davon wissen. Wirklich niemanden. Weil bei Geld meist die Freundschaft aufhört. Die meisten Fälle von Steuerhinterziehung werden, glaub es oder nicht, durch Denunziationen des engeren Bekannten- und Familienkreises aufgedeckt.

Unterschätze Neid und Habsucht der anderen nicht. Sag deshalb auch nie, dass es Dir geschäftlich blendend geht (z.B. weil Du dieses Buch gelesen hast), nein, immer nur mittelprächtig und Du hast mit vielen unternehmerischen Problemen zu kämpfen. Dann will keiner was von Dir haben.

Dienstpläne

Dienstpläne solltest Du am Donnerstag oder Freitag für die kommende Woche fertig haben und aushängen. Vorgeschrieben sind zwar 14 Tage vorher, aber die Praxis sieht anders aus. Immer kommen noch auf die Schnelle einige Mitarbeiter zu Dir, die einen Termin hier oder dort haben, die Aufenthaltsgenehmigung verlängern oder sich eine neue Wohnung anschauen müssen.

Da Du Deine guten Mitarbeiter behalten willst und Du ja auch auf ein gutes Betriebsklima achtest, solltest Du Wünsche grundsätzlich wohlwollend beachten. Da diese immer in der letzten Minute kommen, schreibst

Du den Dienstplan auch erst „in der letzten Minute". So sparst Du Dir wieder einen Haufen Arbeit, weil Du sie nicht doppelt tust.

Wer allerdings ständig Wünsche zum Dienstplan hat, den musst Du mal in seine Schranken weisen. Du teilst ein, sonst niemand.

Hefte alle Dienstpläne in einem eigenen Ordner ab. Du solltest am Wochenende korrigieren nach getauschten freien Tagen oder Krankheitsausfällen oder Probearbeitern. So behältst Du immer den Überblick und weißt genau, wer wann warum und wo gearbeitet hat.

Du brauchst es irgendwann

Wer Familie hat, dem solltest Du jedes zweite Wochenende frei geben - wenn es der Betriebsablauf zulässt. Aber nur dann. Der Betrieb steht für Dich an erster Stelle, an allererster. Und somit für Deine lieben Mitarbeiter auch. Wer das nicht einsieht, passt einfach nicht zu Dir. Der Betrieb ist Deine Existenz und keine Spielwiese für Beziehungsprobleme, Menschlichkeits-Tests oder esoterische Algorithmen.

Wenn Zweifel auftauchen, ob wirklich Du der Kapitän bist, hast Du schon fast verloren. Dann hilft nur noch ein, wie die Norddeutschen sagen, „Ellerbecker Rundschlag". Das heißt: Radikal aufräumen innerhalb des Personals, auch ausfällig werden, Gewitter vom Feinsten, wenn auch nur Theaterdonner. Wer dann noch bei Dir bleibt, ist entweder ein Idiot oder eine treue Seele, auf die Du wirklich bauen kannst, der Du vertrauen solltest.

Einkauf

Einkaufslisten mit doppelten Bestellleisten sind deshalb wichtig, weil Du die Bestellung der Vorwoche dort ersehen kannst und schon mal grob erkennst, ob Du tatsächlich so viel verkauft hast, wie Du jetzt nachorderst. Entdeckst Du Unregelmäßigkeiten, reagiere sofort. Entweder der Lieferant hat unvollständig geliefert,

eine deiner Traumbedienungen

verkauft Ware ohne Bon

oder einer beklaut Dich sonst wie.

Das ist Deine wichtigste Aufgabe sowieso herauszufinden: Wer beklaut mich? Schreibe jeden auf die Verdächtigenliste, von der Klofrau bis zum treuen Stammgast! Die Menschen im Allgemeinen, besonders aber in der Gastronomie sind oft schlecht. Ausnahmen bestätigen die Regel.

Auszahlungen

Auszahlungen in bar solltest Du immer, wirklich immer und SOFORT auf einem Quittungsblock unterschreiben lassen. Nicht später und nicht morgen. Du vergisst es, weil Du viel um die Ohren hast. Barauszahlungen können bestehen aus: Vorschüsse an Deine geliebten Angestellten, Prämien an Mitarbeiter, einzelne Lieferantenzahlungen, Nachnahmesendungen. Vorschüsse solltest Du nur in Ausnahmefällen zahlen, weil das schnell zum Normalfall wird. Wer heute 300,00 € will, hängt auch im nächsten Monat durch und braucht 450,00 €. Außerdem spricht es sich schnell herum, und dann fehlen Dir die Argumente: Warum bekommt der und die und ich nicht? Deshalb sei auch immer gerecht bei Löhnen oder Prämien, die Du zahlst. Denn jeder weiß vom anderen, wie viel er wann wofür bekommt.

Inventur

Du solltest unbedingt monatliche Inventuren durchführen lassen. LASSEN, nicht selbst machen. Deine Leute müssen wissen, dass gezählt, gemessen, gewogen und kontrolliert wird. Pünktlich am ersten eines jeden Monats, oder am Abend davor. Du brauchst diese Zahlen, also den Gesamtwert Deines Warenbestandes auch für Deinen Steuerberater, damit dieser die betriebswirtschaftliche Auswertung (BWA) vorlegen kann.

Aus dieser ersiehst Du alle wichtigen Kennzahlen, wie Personalkosten, Wareneinkauf, Food & Beverage-Spezifizierungen, Kosten von Non-Food Artikeln, Pacht, Gebühren und so weiter und so fort. Du kannst direkt mit dem Vormonat vergleichen, oder kumuliert das laufende Gesamtjahr in Augenschein nehmen.

Lass dir eine BWA bis ins Detail erklären, jede Kennzahl und alles und noch mal alles, damit Du verstehst, was Du da an jedem Monatsende liest. Wenn sie Dich nicht interessiert, spare Dir auch das Geld dafür.

Aber: die BWA ist Deine Landkarte für Deinen unternehmerischen Erfolg, das heißt auf neudeutsch: Deine Kohlen für ein neues Auto, einen schönen Urlaub, für Investitionen und um zu expandieren, und...

damit Du mit 40 in Pension gehen kannst !

Dein Stil – Dein Geschäftscharakter

Die Eröffnung naht

Besuche ruhig einmal Lokale am Eröffnungstag von den vielen, die täglich inserieren. Du wirst sehen, dass beim Aufsperren der Tür noch die letzten Kabel verlegt werden, die Speisekarte von der Druckerei geholt werden muss und die Kasse noch nicht vollständig programmiert ist. Das ist absolut unprofessionell!

Plane Deine Aktivitäten rechtzeitig und lege Dich dann fest. Über Dein Angebot musst Du Dir frühzeitig im Klaren sein. Willst Du ein Restaurant, eine Bar, ein Bistro oder was? Machst Du ein Restaurant, weil Deine Oma gut polnisch kochen kann und auch dazu bereit ist, check früh genug den Markt, ob Nachfrage besteht. Entscheide Dich für eine Speise- und Getränkekarte und vergiss nicht, genügend Angebote draufzuschreiben, an denen Du etwas verdienst.

Der Deckungsbeitrag muss stimmen

Lass Dich nicht von hochgestochenen Kalkulationstheorien verwirren. Alles Schall und Rauch! Auch der Wareneinsatz ist nicht im Geringsten wichtig. Mehr dazu im Kapitel „Kalkulation". Begehe nicht den Fehler und verschenke Freibier zur Eröffnung. Du hast dann eine ganze Meute von Abstaubern im Laden, die nie wieder kommen. Verteile stattdessen lieber Gutscheine an Gäste, die Dir am Herzen liegen. Setze an den Tischen kleine Appetizer oder Tomatencroutons ein. Das kostet Dich weniger und hat durchschlagenden Erfolg. Ein Flugzeug startet auch nicht halbfertig, also mach

3 Tage vor Eröffnung

einen kompletten Check, am besten mit einem Freund/Freundin oder Kollegen, der/die sich auskennt. Lass Dir Kritik - aber nur von Leuten, denen Du vertraust - gefallen; sie ist notwendig, um Dein Geschäft erfolgreich führen und Arbeitsabläufe kontinuierlich verbessern zu können.

Wo ist Dein Markt?

Überlege genau, was Du wo anbietest. Hummersandwiches am Bahnhofsvorplatz von Hinterballerdorf lohnen sich ebenso wenig wie Wurstsemmeln im Bistro einer gediegenen Feinschmecker-Abteilung. Das Angebot muss passen, zur Gegend, zu Deinen zukünftigen Gästen und ...natürlich zu Dir. Ekelst Du Dich vor schwabbeligen Austern, verkauf halt Sushi (aber nicht aus Fukushima!). Auf Dein Angebot abgestimmt sollte natürlich auch Dein ganzer Laden eingerichtet sein. In erster Linie funktionell, aber auch gemütlich. Jedoch nicht zu gemütlich. Animiere niemanden, die nächsten drei Stunden bei einem Blaubeer-Erdnußtee zu verbringen, nur weil Dein Laden so urgemütlich ist.

Lege ein klares Konzept fest:

Was will ich, welche Gäste will ich, was will ich verkaufen, welches Zusatzgeschäft könnte sich ergeben? Mische diese Punkte mit Deinem eigenen Stil und Deinen Vorstellungen, dann liegst Du richtig. Als erster musst Du selbst Dich in Deinem Laden wohlfühlen, damit Du auch nach einem Jahr noch motiviert an die Arbeit gehen kannst. Merke: Deine Motivation schlägt sich direkt - ja direkt - im Umsatz wieder.

Das heißt in aller Klarheit:

Deinen Spaß am Job liest Du auf Deinen Kontoauszügen ab

Deine Fähigkeit zu begeistern ist gefragt. Das ist der Anfang eines positiven Kreislaufs, damit fängt alles an. Also mach nur exakt das, was Dir wirklich Spaß macht. Denk mal darüber nach, die Zeit lohnt sich! Wirklich.

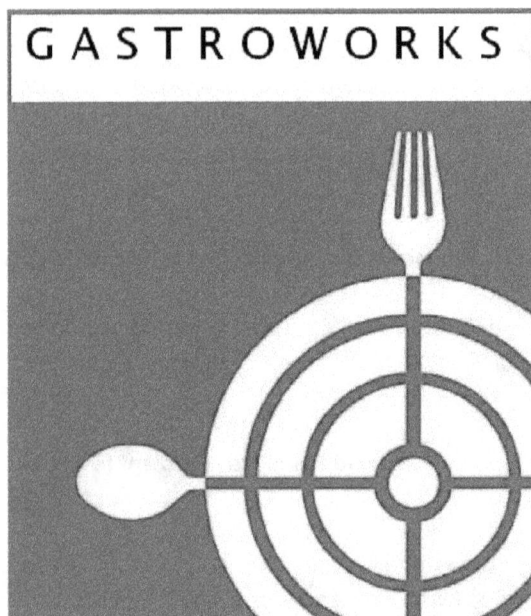

Organisation

Wenn Du, und zwar vom ersten Tag an nicht Ordnung hältst, wirst Du das blanke Chaos erleben, das Dir die Zeit nur so frisst. Du wirst keine Bankbelege mehr kontrollieren können, Deine Mitarbeiterstunden für Abrechnungen nicht wiederfinden und ständig nach Telefonnummern von Technikern und Lieferanten suchen.

Lege Dir deshalb vor der Eröffnung verschiedene Ordner an, als Mappe, Ordnerfach auf dem Schreibtisch oder als File auf Deinem Computer. Du brauchst folgende Titel:

➢ Einkauf

➢ Lieferanten

➢ Angebote

➢ Technik

➢ Personal

➢ Rechnungen zu zahlen / Kreditoren

➢ Rechnungen an Gäste / Debitoren

➢ Dokumente – Genehmigungen - Amtliches

➢ Versicherungen

➢ Steuerberater

➢ Angebote - Events

➢ Tagesabrechnung

➢ Bedienungsanleitungen - Garantieerklärungen

➢ Schriftverkehr Mitarbeiter

Fasse lieber verschiedene Themen zusammen. Wenn ein Ordner zu unübersichtlich wird, teile ihn nach unterschiedlichen Themen auf. Halte Deine Bürokratie so klein wie möglich, denn Dein Arbeitsplatz ist wo? Richtig, am Gast!

Präsent sein, sich sehen lassen, einfach jedes Problem lösen, das auftaucht. Wenn Du mal richtig gut bist, siehst Du die Probleme, BEVOR sie auftauchen. Dann hast Du keine mehr.

Und wahrscheinlich wird Dir langweilig werden. Zeit für Neues!

Berater & Quatschköpfe: Zeitfresser Nr. 1

Die schlimmsten Berater sind Deine eigenen Gäste.

Viele sind klüger als Albert Einstein und wollen Dir immer wieder die Relativitätstheorie Deiner Gastronomie anhand wirrer Praktiken erklären. Dabei können die meisten nicht mal mit Messer und Gabel essen.

Da fragst Du Dich doch gleich: Warum hat dieser Mensch es noch nicht zu richtigem Wohlstand gebracht und mindestens eine kleine Hotelkette in der Schweiz? Richtig: Weil er eine Quatschtüte ist. Nichts als heiße Luft! Lass Dir von solchen Zeitgenossen nicht die Zeit stehlen. Hast Du ein Problem, frage einen Freund oder eine Freundin mit Erfahrung, oder ruf die Industrie- und Handelskammer an, in der Du automatisch Mitglied bist. Die haben hervorragende Angebote, unverbindlich und fachbezogen. Nimm Dir auch Zeit für seriöse Vertreter und Außendienstmitarbeiter. Viele wollen ein langfristiges Geschäft mit Dir aufbauen, und das funktioniert nur über erstklassige Beratung. Du erfährst so immer schnell von neuen Trends, die vielleicht in deiner Nachbarstadt geboren wurden und in die Du als einer der ersten mit einsteigen kannst.

Du machst Deinen Laden, Du machst also auch Deinen Stil. Du hast die Idee, also setze auch Du sie um. Oder warum bist Du selbständig?

Du brauchst lediglich einen Laptop. Der spart Dir wirklich eine Menge Zeit und Kosten. Ein Modell um die 500 Euro plus Farbdrucker aus dem Kaufhaus tut es. Du fertigst darauf in verschiedenen Programmen professionelle Listen und Formulare für Mitarbeiter-Einstellungsformulare, Einkaufslisten, Kontrolle für Bruch, Lohnabrechnungen, Inventuren, Tagesabrechnungen, Statistiken und vieles mehr an.

Willst Du Deine Erfolgs-Listen nicht selbst erstellen, klick mal rein bei

www.gastroload.de

Wenn Du dringend ein Plakat brauchst, weil morgen Muttertag ist und Du die „Beach Boys" eingeladen hast, ist es meistens Abend oder sonntags. Eigentlich immer. Also selbst ist der Mann - die Frau: In „MS Word" mit seinen Unterprogrammen erstellst Du in Windeseile ein Profi-Plakat, das sich sehen lassen kann.

Speisekarte

Deine Speise- und Getränkekarte solltest Du so klein wie möglich halten und erst einmal zwei Monate im Selbstdruck herstellen. Das heißt nicht, nur drei Getränke und zwei Speisen auf Deine Karte zu setzen. Aber wähle sorgsam aus. Nicht alles, was Du mal verkaufen könntest, gehört auf die Karte, sondern ein Grundangebot. Nach dieser Frist hast Du immer Änderungen vorzunehmen, einige Dinge hast Du sicherlich vergessen, andere müssen raus. Auch einige Preise sind noch zu korrigieren. Wenn dann die endgültige Karte steht, lass sie kostengünstig drucken. Oder drucke selbst, wenn die Hardware entsprechende Qualität hat.

Besonders hier sind viele Schwätzer unterwegs. Lass Dir einfach mal fünf Referenz-Exemplare Deines neuen „Druckmeisters" zeigen. Und Du wirst sehen, dass Dein hochqualifizierter Drucker noch nicht mal zwei Karten für den Bahnhofskiosk hergestellt hat. Da wette ich mit Dir!!

Am besten lässt Du nur den Kopf und Rahmen drucken. Wenn Du Geld hast in Farbe, und kopierst dann Deine jeweiligen Karten hinein. Nichts sieht schlimmer aus als ausgebesserte Preise und Kunstradierungen mit Tipp Ex.

Die Speisekarte und die Toiletten sind Deine Visitenkarte,

ebenso Dein Kartenaushang im Außenbereich, den Du ständig pflegen solltest und der außerdem Pflicht ist. Der Gast muss sich vor Betreten Deines Lokals über das Angebot erkundigen können. Hierzu genügt allerdings eine Auswahl.

Allerorts von den Brauereien kostenlos zur Verfügung gestellte Ledermappen machen nun wirklich nichts her und zeugen von fortgeschrittener Einfallslosigkeit. Hier ist Klasse gefragt, die nicht teuer sein muss. Überlege Dir auch, ob ein Werbekostenzuschuss (s. dort) einiger Lieferanten sinnvoll ist. Damit kannst Du Deine gesamte Karte finanzieren.

Vielleicht kannst Du gut mit der Boutiquebesitzerin von nebenan oder dem Inhaber Deiner Autowerkstatt. Verkaufe Werbung in Deiner Speisekarte, die auch den Gästen die Wartezeit verkürzt, wenn Dein Koch mal wieder einen Schwächeanfall vortäuscht oder wirklich wegen Arbeitsüberlastung einen Blutsturz hat und der Schweinsbraten etwas länger dauert.

Werben für Veranstaltungen

Plakatieren, Zeitungsinserate zu schalten und Spots im regionalen Radiosender auszustrahlen sind die gängigsten Werbemethoden.

Was Du nicht mit aller Gewalt bekannt machst, läuft nicht. Immer dran bleiben.

Warum kennt jedes Kind einen Audi oder Michael Jackson

oder Überraschungseier?

Weil sie so gut sind? Vielleicht auch. Aber in erster Linie weil Du jeden Tag von ihnen hörst. Du kannst das beste Bistro des Universums betreiben, es nützt Dir nichts, wenn Dich niemand kennt. Dann kommt nämlich auch keiner. So ist es mit allem, was Du tust. Tu Dich hervor, bleibe im Gespräch, mach was, leiste Außergewöhnliches, spendiere dem Kindergarten ein kleines Fest oder der Feuerwehr ein neues Blaulicht, veranstalte Wettbewerbe oder mach Verlosungen an einem bestimmten Wochentag. Man muss über Dein Lokal reden, hierbei gilt:

NEGATIV IST ERHEBLICH BESSER ALS GAR NICHT !

Statistiken und Vorausplanungen / Prognosen

Bist Du ein Statistiker, schmeiß Deinen Computer an, klick auf Excel und los geht's. Das Programm kann ich Dir hier leider nicht erklären, das füllt eigene Bücher. Es ist aber erstaunlich einfach zu bedienen und zu verwalten, auch für Einsteiger.

Führe Statistik über Deinen täglichen Umsatz, wenn Du einen Garten hast, über das Wetter, über das Verhältnis Mittag - und Abendgeschäft, über Verhältnis Personalaufwand - Umsatz, und so weiter. Eben das, was für Dich wichtig ist. Füge durch einige wenige Tastenkombinationen eine Grafik ein, dann siehst Du, wann die Kurve nach oben oder unten zeigt.

Zur Hilfe musst Du hier auch die BWA, die betriebswirtschaftliche Auswertung Deines Wirtschafts- oder Steuerberaters nehmen. Dort sind alle Kennzahlen, die Du benötigst, meist bis ins Kleinste aufgeführt. Nimm Dir hierfür besonders intensiv Zeit, weil Du hier, und nur hieraus, Deine Richtung erkennst, und wo Du wirtschaftlich stehst. Das ist sehr wichtig.

Du kannst nur hier sehen, welche wirtschaftlichen Änderungen Du vornehmen solltest.

Viele machen das nach Gefühl.

Das ist der Sonntagsbraten für den Pleitegeier,

der dann bald seine ersten Kreise über Dir ziehen wird. Prognosen sind wichtig, aber nicht lebenswichtig. Es gibt sogenannte Gastronomen, die Riesenbudgets erstellen und auswerten, korrigieren und nochmals auswerten. Sie glauben dann im Januar schon die Oktoberumsätze zu kennen. Die Sonnentage richten sich aber weder nach Deinem Budget noch nach Deiner Planung, auch Deine Konkurrenz tut es nicht. Deine Mitarbeiter und Deine Gäste schon gar nicht. Das sind geschäftige Menschen, aber keine Gastronomen. Meist überleben sie in der Branche nur kurze Jahre. Du verschwendest einfach wertvolle Zeit mit zuviel Planungsarbeit. Die Basiskonzeption sollte stehen, und dann wird flexibel gearbeitet, nicht gewurschtelt.

Du hast Ziele in Deinem Geschäft, und die solltest Du schriftlich fixieren. Das können auch nur zwei Sätze sein. Kontrolliere Deinen Weg zum Ziel monatlich einmal und reagiere bei Abweichungen sofort. Ebenso, wenn sich Deine Ziele geändert haben.

Was ist Dein Ziel? Wo willst Du hin? Hast Du Dein Ziel vielleicht schon erreicht und merkst es gar nicht? Dann trittst Du, manchmal jahrelang, auf der Stelle. Du musst schnellstens den nächsten Schritt tun, privat oder beruflich.

Sperrzeitverkürzung ist Öffnungsverlängerung!!

An bestimmten Tagen wie Fasching oder einer Hochzeitsfeier, die bis spät in die Nacht dauern soll, solltest Du rechtzeitig! eine Sperrzeitverkürzung bei Deinem Landratsamt, Rathaus oder Gemeindeverwaltung beantragen. Die Kosten sind unterschiedlich, man rechnet hier pauschal ab oder nach Stunden.

Du verkürzt Deine Sperrzeit mit diesem Antrag, hast also länger geöffnet als im Normalfall! Du solltest hier korrekt sein, wenn Du nämlich erst mal zu den „schwarzen Schafen" gehörst, wirst Du ständig durch Deinen grünen Freund und Helfer kontrolliert. Und das ist nie gut.

Kreditkarten - Restaurantschecks

Überlege genau, ob Du Kreditkarten akzeptieren willst. Du zahlst die Gebühren und wartest auch noch wochenlang auf die Gutschrift. Die Telefongebühren für die Buchung gehen auch noch zu Deinen Lasten. Du sollst Dich freuen, nicht die Telekom.

Am besten ist „cash", soviel Kohle hat jeder dabei. Die Prahlerei, zwei Bier und einen Toast mit der Karte zu zahlen, ist sowieso ungesund, in jeder Beziehung. Wäge ab, ob Du nicht viele potentielle „Karten-Gäste" hast. Dann lohnt es sich wiederum.

Akzeptieren solltest Du immer Restaurant-Schecks,

die Mitarbeiter verschiedener Firmen, Büros und Banken als Bonus erhalten und bei Dir einlösen, beispielsweise zum Mittagessen. Die Abrechnung ist denkbar einfach und kostet nicht viel. Du aber bindest die Scheck-Inhaber an Deinen Betrieb. Und Gästebindung willst Du doch, oder?

Reinigung der Getränkeleitungen

Pünktlich alle 14 Tage musst Du Deine Getränkeleitungen reinigen bzw. reinigen lassen. Betroffen sind Bierleitungen, Weinleitungen und die Leitungen für AFG, die alkoholfreien Getränke. Seltener reinigen brauchst

Du dagegen AFG-Sirupleitungen. Die Bestimmungen sind verschieden, erkundige Dich bei der Fachfirma oder Lebensmittelüberwachung.

Es besteht ein so genanntes Schankbuch, in dem die Reinigungen dokumentiert sind und regelmäßig von der Lebensmittelaufsicht kontrolliert werden. Fehlen Eintragungen, zahlst Du eine mehr oder weniger saftige „Erinnerungsgebühr". Dein Schankanlagentechniker muss in diesem Buch die einwandfreie Arbeitsweise der Anlage bestätigen und ist somit als Sachverständiger für die Technik verantwortlich. Lass Dir dieses Schankbuch unbedingt vom Vorgänger aushändigen, ein neues ist teuer.

Ob Du eine Firma beauftragst oder selbst reinigst, ist ein reines Rechenexempel bzw. eine Zeitfrage. Willst Du die Zeit investieren, um zu sparen und ab welchem Zeitpunkt amortisiert sich die Installation eines eigenen Reinigungsgerätes? Kleine Geräte erhältst Du ab ca. 800 Euro. Oder kannst Du die Zeit besser nutzen, um die Werbetrommel zu rühren und Kontakte zu knüpfen, damit Du Deinen Laden füllst? Das musst Du selbst abschätzen. Wie auch immer: Spitz kalkulieren, entscheiden, dann nicht mehr nach hinten schauen, sondern Vollgas geben.

Das solltest Du übrigens immer tun: Wenn Du die Wahl zwischen verschiedenen Entscheidungen hast, überlege gut und intensiv.

Entscheide Dich für nur eine einzige Lösung

und vergiss die anderen,

Du kommst sonst nie zur Ruhe.

Zeit

Mach es wie viele andere: Hudel sechzehn Stunden an sieben Tagen in der Woche vor Dich her, beklage Dich über die viele Arbeit, geh jeden zweiten Abend mit Deinen Angestellten auf ein Feierabendbier (oder drei, oder zwölf) fort, sei für jeden und alles da. Und in kürzester Zeit realisierst Du die Freuden Deines Gastrolebens: Ein Kino kennst Du gar nicht mehr von innen, ein Konzert nur noch im äußersten Notfall, Deine Frau oder Freundin, Dein Mann oder Freund gestaltet sich sein eigenes Leben ohne Dich, und soziale Kontakte beschränken sich auf Deinen Betrieb: Du verblödest langsam, aber sicher.

Führst Du ein reines Tages- oder Abendgeschäft, kennst Du dieses Problem nicht. Auch eine Saison geht vorüber. Auch zwei Jahre gehen vorbei. Ist aber Deine Perspektive längerfristig, handle wie ein Marathonläufer: Gib nicht zu Anfang alles, was in Dir steckt! Du wirst nach halber Strecke aufgeben müssen.

Teile Dir den Tag präzise ein. Das kannst Du tun im Terminprogramm Deines Computers wie Outlook, einem elektronischen Timer oder einem herkömmlichen Billigpapierkalender, der meist am effektivsten ist.

Halte Dir 40% Deines Arbeitstages absolut frei für Unvorhersehbares, das sind bei einem Zwölfstundentag knappe fünf Stunden. Nimm dir niemals mehr vor, als in die verbleibenden sieben Stunden passt. Du schaffst es sowieso nicht. Glaub's einfach.

Heute ist jeder mobil erreichbar. So kannst Du also auch mal beruhigt das Haus verlassen. Bist Du außer Haus, gib Anweisung, Dich nur in dringenden Notfällen anzurufen. Also nicht, wenn der Küchenhelfer den Flammkuchen hat verbrennen lassen. Wohl aber, wenn er sich den Arm in der Teigmaschine abgerissen hat.

Ist es nur ein Finger, musst Du entscheiden.

Kleinigkeiten sollen Deine Mitarbeiter selbst entscheiden können, sonst sind sie überbezahlt

Erzähle ihnen vor allem immer wieder, was wichtig ist (der unangemeldete Besuch des Lebensmittelkontrolleurs) und was nicht (Klo verstopft = selber machen).

Schreib Dir für den nächsten Tag die fünf wichtigsten Arbeiten auf, die Du erledigen willst. Arbeite diese ab, den wichtigsten Punkt zuerst. Fang den zweiten erst an, wenn der erste restlos erledigt ist. Bleib hart, es fällt schwer. Aber Du erledigst Deine Aufgaben mit diesem Aufgaben-Management schnell und zuverlässig, weil Du sonst achtmal mit einer Aufgabe beginnst und noch langsamer wirst. Der Witz dabei ist ja, dass die Aufgabe so oder so erledigt sein will, ob heute, morgen oder in sechs Jahren!

Es ist erwiesen, dass Menschen, die über große Netzwerke verfügen, also kommunikativ sind, erheblich erfolgreicher sind als solche mit „nur" großem Fachwissen. Das heißt besonders in unserer Branche: Es nutzt Dir viel mehr, wenn Du jemanden kennst, der Dir kurzfristig einen begnadeten Jodler oder Seemannschor für eine Hochzeitsfeier besorgen kann, weil sich vielleicht die Braut danach sehnt, als wenn Du ein Fachreferat über 7000 Mineralwässer halten kannst.

Pflege also die Kommunikation mit Deinen Gästen!

Mit Deinen Shareholdern, wie sie heißen. Also jedem, der in irgendeiner Weise mit Dir zu tun hat. Vom Bürgermeister bis zum Gemüsefahrer, vom Steuerberater bis zur Oma, die immer nur ein Glas Leitungswasser für ihre Tabletten will (weil Du so ein unglaublich Netter bist).

Design your Image

Wer nimmt Dich wie wann und warum wahr?

Image-Design ist eines der wichtigen Dinge für Dich. „Design" ist wahrscheinlich englisch und bedeutet „gestalten" oder „Form geben". Also wollen wir unser Image gestalten. Das ist das, was die anderen von uns sehen, wie sie uns wahrnehmen. Als gestressten Möchtegern oder souveränen Gastgeber, dem man vertraut. Vielleicht kann man Dir gar nicht vertrauen, aber Du erweckst den Anschein. Natürlich ist es nicht das Ziel, andere zu blenden und etwas vorzugeben, was man nicht erfüllen kann. Jedoch musst Du bei der Fülle Deiner täglich zu treffenden Entscheidungen manchmal Unsicherheiten überspielen.

Niemand kann alles wissen, selbst Du nicht.

Dein Image beginnt natürlich bei Deiner Kleidung, dem ersten Eindruck. Optisch ansprechend, aber nicht exzentrisch (außer Du betreibst einen ausgeflippten Chicki-Club). Deine Gäste wollen Dich als einen der „ihren" sehen, also hol Deinen Armani-Anzug nur zu besonderen Anlässen aus dem Schrank. Auch Dein getunter AMG-Daimler bleibt besser in der Garage. Ich habe eine Frau gekannt, die ihre Imbissbude tagtäglich mit einem uralten VW Käfer und ausgewaschener Küchenschürze aufsuchte. Abends fuhr sie mit ihrem großen BMW ins Theater, in die Oper, um danach den Abend in ihrer erstklassigen Penthouse-Wohnung zu beenden. Warum sie sich das leisten konnte und ihr Nachbar nicht? Weil der mit einem großen Auto vorfuhr und die Leute darüber nachdachten, warum der Pommes-Fritze ein Traumauto fährt und sie nicht. Und das sollten sie ihm auch noch finanzieren? Versteh den Sinn der Sache. Dein Eindruck, Dein Image ist extrem wichtig für Deinen Erfolg!

Jetzt sagst Du: „Sind ja nur Äußerlichkeiten." Stimmt. Ist aber die Hälfte Deines Image Designs!

Definiere mal das Wort „Erfolg" für Dich selbst. Wann bist Du erfolgreich? Wenn Du finanziell unabhängig bist, wenn Dir Deine Arbeit Spaß macht, wenn Du Deine Gäste zufrieden stellst? WIE willst Du erfolgreich sein? Du selbst. Jeder definiert seinen Erfolg anders. Wenn Du aber Dein Ziel nicht kennst, woher willst Du wissen, wohin Du gehen sollst?

Spiel immer die Sicherheit in Person, auch wenn Du mal nicht mehr so ganz sicher bist. Für Dein Privatleben gilt das natürlich nicht. Unsicherheit ist menschlich, ist gesund und macht Dich liebenswert. Aber nicht im Geschäft! Deine Mitarbeiter suchen Sicherheit bei Dir, und vor allem auch Deine Gäste. Und Deine Bank, Lieferanten, Geldgeber, also die Gesamtheit der Stakeholder Deines Unternehmens. Bist DU nicht überzeugt, wer soll es denn dann sein?

Überprüfe Deine Aussprache, nimm Dir mal einen kleinen Text mit dem Sprechgerät auf und höre es Dir an. „Bin ich das etwa?" Ja, das bist Du. Und so nehmen Dich andere Menschen wahr. Du solltest Dich ein wenig um ein akzentfreies Hochdeutsch bemühen. Betreibst Du den „Spätzleschaber" in einem kleinen Dorf bei Sigmaringen, den „Fischerfiete" auf einem friesischen Deich oder den „Knödelkacker" in Bayrischzell, vergiss das Hochdeutsch jedoch schleunigst. Dein Markt sind Einheimische und Touris, die wollen das, also pass Dich an. Hier ist Mundart gefragt. Wenn es also jetzt etwas zu verändern gibt, ändere es einfach. Tu es und freu Dich über einen Fortschritt.

Die Kunst der Einfachheit

Alles einfach....oder was?

Betreibst Du eine Almhütte in den Chiemgauer Alpen, brauchst Du keinen Mojito-Cocktail mit frischer Minze und auch keine Hamburger Aalgalantine (kennst Du den Unterschied zwischen Gelatine und Galantine?) anzubieten, weil einmal im Jahr ein Gast danach fragen könnte. Auch musst Du im „Hamburger Hafenstüberl" keinen Miesbacher Obstler oder Renkenfilet nach Art des Fraueninsel-Klosterwirts im schönen Chiemsee anbieten. Du kannst nicht alles haben und nicht alles anbieten.

Von dem, was Du anbieten möchtest,

streich noch mal die Hälfte weg

Wer Hunger hat, findet schon sein Lieblingsgericht auf Deiner Karte.

Die besten und überfülltesten Läden sind SEHR selten die mit dem größten Angebot! Du ersparst Dir täglich eine Menge unnützer Arbeit, wenn Du EINFACH denkst und handelst. Komplexität, Kompliziertheit ist zur richtigen Seuche geworden.

Also mach einfach alles EINFACH!

Der Grund ist folgender: Alles, was heutzutage funktioniert, also gut ist, ist angeblich kompliziert. Somit taugen einfache Dinge nichts - denkt die Masse. Falsch! Programmiere mal Deinen neu erworbenen Videorecorder nach genau Deinen Vorstellungen. Da kannst Du Dir meistens schon die Notrufnummer Deines Nervenarztes daneben legen. Um das neueste Modell von BMW überhaupt starten zu können, besuchst Du am besten ein Sommersemester an der technischen Universität.

Natürlich hat der Fortschritt seine Berechtigung, besonders auch in der Gastronomie. Und innovative Ideen begeistern jeden Tag aufs Neue. Nur das Prinzip der Umsetzung sollte so einfach wie möglich gehalten werden. 26 Sorten Eis brauchst Du vielleicht in einer Eisdiele, aber nicht in einem Bistro: streich sie auf fünf Sorten zusammen. Musst Du Weinschorle in drei Gläsergrößen anbieten? Standard 0,4 l reicht aus. Brauchst Du Schnitzel in 76 Variationen und Fleischsorten, wenn Du nicht das „Schnitzelparadies" betreibst?

Wenn Du jetzt über 75 Schnitzel nachdenkst, solltest Du mal in Dich gehen und über Grundsätzliches grübeln!

Die gewonnene Zeit, die Du für Bestellungen, Wareneingangskontrolle, Lagerhaltung, Verwertung, Kalkulation usw. verschwendest, verbringst Du besser bei Deinen Gästen und vor allem bei Deinen lieben Mitarbeitern. Allein Deine Anwesenheit lässt sie freundlicher werden, schneller und korrekter arbeiten (nur sehr wenige können das auch alleine). So kommen Deine Gäste gerne wieder. Sieh Dich als Betreuer, den, der den Überblick hat, Ansprechpartner für jeden und alles.

Von 100 Problemen sind nur 20 Chefsache.

Die übrigen 80 MUSST Du delegieren!

Nicht nur im Angebot, auch bei den Lieferanten solltest Du die Kunst der Einfachheit beherzigen (ja, es IST eine Kunst). Wer braucht fünf Weinlieferanten und drei Metzger? Um die Preise konkurrenzmäßig herunterhandeln zu können? Dieser Blödsinn hat noch nie funktioniert, weil Du Dich lächerlich machst, wenn Du bei jedem Lieferanten nur die Wochen-Angebote kaufst.

Das wirst Du merken, wenn Du mal Deinen nächsten Laden übernimmst: Dein schlechter Ruf als Geschäftspartner eilt Dir voraus. Außerdem werden Deine Bestellungen komplizierter, und auch die Kontrolle, die Begleichung der Rechnungen. Und auch die Buchhaltung wird arbeitsintensiver.

Schreib Dir für die Mitarbeiter eine kurze, effektive Hausordnung, die Bestandteil der Arbeitsverträge mit Deinen Leuten sein sollte. Du sparst Dir so endlose Erklärungen und Diskussionen auch mit neuen Mitarbeitern über Rauch- und Alkoholverbot während der Arbeitszeit oder schocklila gemusterte Blusen im Service. Die Hausordnung ist Deine kleine Betriebsbibel, da steht geschrieben, was Du magst und was Du nicht magst.

Und besonders, was Du überhaupt nicht leiden kannst!

Wichtiger allerdings als das Schreiben und Verteilen der Hausordnung ist die ständige, tägliche und konsequente Überwachung der Einhaltung. Viele Unternehmen kommen ohne aus. Die Gastronomie ist aber nun mal die Fluktuationsbranche Nr.1, deshalb ist die Hausordnung zur Vereinfachung aller betrieblichen Abläufe besonders wichtig.

Lass Dir auch keine teuren Hightech-Geräte wie NASA-Induktionsöfen, fern- und zeitgesteuerte Kaffeemaschinen und Spülmaschinen mit Weltraumtechnik andrehen.

Bei nur mäßiger Beanspruchung sind sie meistens schnell defekt. Da Maschinen ihrer inneren Uhr gemäß immer an Sonn- und Feiertagen ihren Dienst quittieren, kaufst Du Dir schon mal ein großes Sortiment an sogenannten Tränenfläschchen, wie sie schon der römische Kaiser Nero benutzt hat. Die brauchst Du immer, wenn Du Anfahrtskosten und Notdienstzuschläge bei Technikern zahlen musst.

Ein gutes Gerät braucht nur einen Schalter:

EIN - AUS

Ob sich die Kosten für weiteren Firlefanz lohnen, musst Du selber wissen. Und wenn Dein Pachtvertrag mal ausläuft, wer löst Dir dann Deinen knallteuren kirschkernölgefederten Speiselift ab? Hätte es ein einfacher nicht auch getan?

Dein Nachpächter verhandelt mit dem Verpächter bzw. Eigentümer, nicht mit Dir. Was er nicht will, musst Du mitnehmen, auch wenn's eine Maßanfertigung war. Der Wert fällt gerade dann auf praktisch null.

Beachte bei jeder noch so kleinen Investition diese Tatsache. Ob es sich um 10 Kuchengabeln, eine Teigmaschine oder einen Flaschenöffner handelt. Dann hast Du Deine erste Million schneller verdient.

Überprüfe auch Deinen Tagesablauf auf Einfachheit. Gehst Du um 10.00 Uhr zur Bank, um Deinen Umsatz einzuzahlen, um 14.00 Uhr zur Post, um Dein Postfach zu leeren und um 17.00 Uhr zur Kurverwaltung, um Dein Abendmenü an der Infotafel anzuschlagen, könntest Du das alles auf einem Weg tun. Perfekt bist Du, wenn Du Deine Bedienung für alles schickst. So hast Du 1 Stunde Zeit gewonnen. Kauf Dir ein Spaghettieis und telefonier mit Deiner Frau, Freundin, Mann, Freund, Deinen Kindern. Oder denk Dir eine neue Aktion für Deinen Laden aus.

DAS ist einfach. Fast genial.

Finanzamt – Steuerberater - Schwarzgeld

Was ist wichtig? Alles!

Im Pyrenäenstaat Andorra funktioniert die Steuerbürokratie folgendermaßen: Gar nicht! Dort gibt es nämlich kein Finanzamt! Wer viel arbeitet, hat viel. Wer bei uns viel arbeitet, hat oft weniger als die anderen.

Der Staat braucht viel Geld: Für große Armeen - die eine Menge „Immodium akut" bräuchte, würde ein „richtiger" Feind auftauchen. Für milliardenschwere europäische Rettungsfonds und Bankensanierungen. Abgeordnetenpensionen, Sekretärin und Chauffeur für EXBundespräsidenten (wofür brauchen die das?) und Fehlinvestitionen, die die Bundes- und Landesrechnungshöfe jedes Jahr in Millionenhöhe aufdecken. Für viele Scheinkranke und noch mehr 25-jährige Arbeitslose, denen eine Arbeitszeit nach 18.00 Uhr oder ein 20-minütiger Anfahrtsweg zur Arbeitsstelle nun wirklich nicht zugemutet werden kann. Die haben oft schon Burnout-Symptome, wenn sie sich morgens alleine einen Kaffee kochen wollen, geschweige nur kurz an Arbeit denken.

Manchmal werden Steuereinnahmen aber auch für soziale Zwecke eingesetzt, wie etwa Kindergärten, Schulen, Unis oder Krankenhäuser. Dafür werden wiederum die Renten gekürzt.

Wie auch immer, Du musst Deine Steuern zahlen. Als erstes die Vorsteuer aus Deinen Umsätzen, aber auch noch 100 andere. Leg Dir immer genug Cash zur Seite, damit Du keine Überraschung erlebst. Am besten als Unterkonto Deines Geschäftskontos, das nicht angetastet wird. Es ist nicht damit getan, einige Formulare mehr oder weniger korrekt auszufüllen und zu zahlen.

Du brauchst eine Steuer-GESTALTUNG, die genau auf Dich zugeschnitten ist. Hier sparst Du das meiste Geld. Steuern auf legale Weise zu sparen, dabei hilft Dir nur ein Steuerberater. Deshalb heißt er ja Berater. Er muss sich Zeit nehmen für Dich und Deine Anliegen. Das ist der erste wichtige Punkt. Der zweite ist, dass er umfassend informiert ist, also Ahnung hat und sein Wissen auf dem neuesten Stand hält.

Wie bei Rechtsanwälten auch gibt's unter den Steuerberatern ebenso viele Studierte,

deren wertvollster Besitz der dunkle Anzug ist

und nicht der Grips

Warum das so ist? Weil dieses Phänomen in jedem Beruf auftaucht. Nur HIER kostet es DEIN Geld!

Hör Dich ein wenig um, die Empfehlung eines seriösen Menschen ist meist Gold wert.

Damit ein Gastronom überleben kann, führt er oft eine Fifty-fifty-Buchhaltung: 50% der Einkäufe werden nicht erfasst, 50% der Umsätze auch nicht. Da sagst Du: „Ist ja Steuerhinterziehung, illegal und böse". Und Du hast recht. Also mach es lieber nicht.

Noch zehn Jahre nach Aufgabe Deines Betriebs kannst Du geprüft werden. Statistisch gesehen werden kleinere Unternehmen allerdings nur alle 40 Jahre genau unter die Lupe des Steuer-Außenprüfers genommen.

Wenn er Dinge findet, die ihm nicht plausibel erscheinen, darfst Du erklären. Kannst Du es nicht, darfst Du irgendwann zwischen 5.00 und 7.00 Uhr morgens der Steuerfahndung die Tür öffnen. Tust Du es nicht, helfen sie Dir dabei, allerdings ohne Schlüssel. Die Steuerfahndung arbeitet für Finanzamt und Staatsanwaltschaft gleichermaßen. Ist es soweit, halt einfach den Schnabel!

Schweigen ist Gold.

Angebote zur Strafminderung, wenn Du gleich auspackst, werden immer gemacht, um den Überraschungseffekt zu nutzen. Lass Dich nicht bluffen: Bleib cool und schweig. Schalte sofort Deinen Steuerberater und Rechtsanwalt ein.

Unzählige Möglichkeiten zur Schaffung von Gastro-Schwarzgeld gibt's. Bleib ehrlich und

lass Dich nicht erwischen!

Ein Prüfer rechnet Dir vor, wie viel Kaffee Du anhand Deines Portions-zuckerverbrauchs verkauft haben müsstest. Gratis-Bierdeckel stehen als Nullposten auf jeder Brauereirechnung. Ob's wohl mit der bestellten Menge Bier übereinstimmt? Der Prüfer könnte auch die Reinigerdosier-mengen Deiner Tellerspülmaschine zugrunde legen und mit dem Einkauf des Klarspülmittels abgleichen. Dann weiß er schon, wie viel Essen Du verkauft hast. Sind die Differenzen erheblich, hast Du schlechte Karten. Und ein guter Prüfer ist cleverer als die Meisterermittler von Navy CIS und Kommissar Rex zusammen.

Hier ist wieder Mitdenken gefragt.

Besitzt Du Schwarzgeld, was wie Du weißt strafbar wäre, gib es nur bar aus. Im Urlaub, für Champagner, Klamotten, Shopping in London oder Schmuck im Souk von Dubai.

Nie über Kreditkarte, nie übers Konto zahlen! Keine Investitionen täti-gen, keine Geschäftseinlagen bei finanziellen Engpässen leisten. **Nie! Nie!**

Sei eher großzügig bei Privatentnahmen. Entnimmst Du zu wenig, fragt man Dich, wovon Du denn gelebt hast. Zahlst Du beispielsweise 900 Euro private Miete, entnimmst aber monatlich nur 950, fragt das Finanzamt, wovon Du Telefon, Privatvergnügen, Versicherungen, Urlaub und Deine Ikea-Kommode gezahlt hast.

Schon hat er Dich, der Oberprüfer. Und das soll er doch nicht!

Tipps nach der Eröffnung und während des richtigen Lebens

Wie Kontrolle Dich reich machen kann, oder:

Das blanke Grauen aus der Mülltonne

„Der Alte schnüffelt ja schon wie die Stasi", stöhnte Maxe Meier, Souchef einer angesehenen Salzburger Hotelküche, den ich auf der Messe treffe. Da tun sich ja interessante Sichtweisen in Sachen Wirtschaftlichkeit auf. Und auch in Fragen der Kompetenz und erst recht der Loyalität: Ein Souchef steht nicht auf der Seite seines Küchenchefs?

Da stimmt was nicht!

Zurück zur Kontrolle: Man fühlt sich ertappt, wenn wertvolle, entsorgte Produkte entdeckt werden.
Ein starker Brechreiz stellt sich bei einem Teil Deiner Brigade ein, wenn Du in die Speiserestetonne siehst, und einige bekommen gleichzeitig einen Asthmaanfall:

Broccoliabschnitte und -stengel, aus denen noch eine hervorragende Suppe hätte gezaubert werden können. Zwei Forellen, im Kühlfach übersehen und dann entsorgt. Aus Unachtsamkeit verkochte Zuckerschoten (weil man ja schließlich zwischendurch schnell mal eine qualmen muss und das Grünzeug im Wasser vergisst), überlagerte Schweinefilets und überproduzierte Othellokartoffeln. Manchmal liegen viele hundert Euro in einer einzigen Mülltonne.

Zu schade zur Biogaserzeugung!

Sieh in unregelmäßigen Abständen, aber wöchentlich mehrmals, in die Speiserestevorrichtungen. Hier liegt Dein Geld!

Entsorgt Deine mittelgroße Brigade auf jedem Posten täglich Waren im Wert von nur 2 Euro - und das ist bei mittlerem Arbeitsaufkommen nichts - sind das bei 5 Posten 10 Euro pro Tag. 3.650 Euro pro Jahr als Einkaufswert. Bei einem Wareneinsatz von 25% errechnet sich durch entgangenen Verkauf

ein Verlust von sage und schreibe

14.600 Euro

jährlich. Aus Unachtsamkeit und Faulheit. Rechne und agiere wie ein Großer, und da schau her:

Kontrolle macht erfolgreich, manchmal sogar reich!

Wie Du effizient mit Mietpersonal arbeitest

Brauchst Du einen Leihkoch oder Mietkoch?

Wenn Du Dir Personal **leihst**, hast Du einfach keine Personalkosten mehr. Die Leihe ist nämlich nach § 398 BGB kostenlos. Immer. Du arbeitest also mit Mietköchen, -kellnern, -rezeptionistinnen oder -spülern.

Das können Private sein, die Du also Auge in Auge direkt orderst. Aber es gibt auch viele Agenturen, die Dir Leute schicken. Die müssen auf Gastronomie/Hotellerie spezialisiert sein, denn sonst orderst Du einen Koch und bekommst einen drittklassigen Vorstadt-Elektriker in weißer Jacke. Du solltest also als erstes testen, ob er Physalis von Grünkohl unterscheiden kann. Besteht er, frag ihn nach Pommes Othello und Maltaiser Sauce. Besteht er, schau Dir seine Messer, Schürze, Schuhe und seine Fingernägel an. Besteht er, ... ja ich hör schon auf! Du weißt schon was ich Dir sagen will.

Ob sich Mietpersonal lohnt, richtet sich immer nach Deiner ganz persönlichen Situation und dem Aufwand dafür. Liegt Dein nervenschwacher Koch wegen Überlastung heute morgen im Koma und Du hast keinen geeigneten Vertreter für ihn, kannst Du mit einem Mietkoch oder - küchenchef flexibel agieren. Die Alternative wäre, dass Du Deinen Laden zusperrst. Die schlechteste Entscheidung! Ein Restaurant ohne Spüler funktioniert mal einen Tag, ohne Bedienung auch (stell als „geprüfter Eventgastronom" ein Buffet zur Selbstbedienung in die Küche!), aber ohne Koch geht nun mal gar nichts.

Mietpersonal ist für Dich vorteilhaft, wenn Du Urlaubszeiten, Krankentage, Personalmangel überbrücken musst oder Deine Kapazitäten wegen einer Veranstaltung nicht ausreichen.

Die Vorteile von Mietpersonal sind, dass es meist auch in Leerlaufzeiten nicht rumsteht wie Dein Stammpersonal. Das kritisiert dann in hitzigen Pausen-Diskussionen - auf Deine Kosten - oft 3-Sterne-Köche, kann selbst aber nicht mal eine Orange fachgerecht filetieren oder ein Omelette farblos, faltenfrei und halbmondförmig braten, weil sowohl Fein- als auch Grobmotorik fehlen. Mietmenschen wollen wieder gebucht werden und zeigen sich von der besten Seite – Ausnahmen gibt's. Weiterhin buchst Du ja nur, wenn Du unter Druck stehst. Also müssen die Gemieteten Gas geben.

Erstell eine Liste mit dringenden Arbeiten. Wenn Du einen 40 Euro-Mietkoch Kartoffeln schälen lässt, weil Dir gerade nichts anderes einfällt, könntest Du als Beilage auch gleich Trüffel anrichten.

Ein Mietkoch kostet Dich zwischen 25 und 40 Euro die Stunde. Du denkst, er will Dich ausrauben? Zück Deinen spitzen Bleistift und rechne mal den Stundenlohn für Deinen besten Koch aus. Vergiss nicht: Der hat Urlaub, ist mal krank, bekommt Freistellung für Geburt, Umzug, Beerdigung und nach dem Betriebsverfassungsgesetz noch mal dienstfrei und und und..... Wer zahlt das alles? DU! Nur Du.

Wie bei Deiner Kalkulation richtet sich der Preis nach dem Markt. Die Grenze ist allerdings erreicht, wenn Du Angebote für 10 Euro pro Stunde erhältst. Erspare Dir den Ärger. 10 Euro = Taugt nicht! Kann nicht! Will nicht! Davon kann der nicht einmal seine Kochjacke waschen.

Überzeuge Dich davon, dass Dein Mietkoch ein Gewerbe angemeldet hat und eine sogenannte Freistellung für Renten- und Krankenversicherung besitzt. Sonst könntest Du irgendwann mal nachzahlen, und zwar kräftig.

Eine Agentur muss die Genehmigung für Arbeitnehmerüberlassung besitzen, die durch die Bundesagentur für Arbeit erteilt wird. Das gilt auch für ausländische Verleiher. Du schließt mit ihr einen Dienstvertrag ab, sie schulden Dir also die Leistung und nicht einen genau definierten, bestimmten Erfolg wie beim Werkvertrag. Falls es Dich näher interessiert, schau im BGB unter den §§ 611 und 631 ff. nach.

§§-Tipp nur für Dich: Besitzt die Agentur keine Genehmigung, hast Du mit dem Gemieteten automatisch einen Arbeitsvertrag geschlossen. Ist so.

Wenn Dein Mitarbeiter zum Staatsfeind Nr.1 wird,

kann er Dich schnell mal richtig in die Pfanne hauen

Plötzlich steht die Steuerfahndung vor der Tür, oder der Lebensmittelüberwacher findet ein paar tote Mäuse im Kühlschrank, weil Dich einer denunziert hat. Dreh ihm schon im Voraus den Saft ab.

„Soweit alles in Ordnung. Ich möchte nur noch Ihr Trockenlager sehen", sagt der Kontrolletti.
Kein Problem für Dich. Als er jedoch eine kleine Kiste zwischen Mehl- und Grießbeständen öffnet, laufen ihm 20 Kakerlaken davon. Starker Schwindel inklusiv Magenkrampf bei Dir, ebenso beim Kontrolleur. Wenn

dieser Fund nach außen in die richtige Welt dringt, könnte das schnell das Ende Deiner glorreichen Gastrokarriere bedeuten.

Der gute Einfall eines Drehbuchautors, denkst Du? Ja ja, das Fernsehen! Ich versichere Dir, ich habe es selbst erlebt. Es muss nicht passieren, aber es kann. Für gefrustete Mitarbeiter ist es ein Kinderspiel, irgendeinen Ekel zu platzieren und Dich „hinzuhängen."

Es gibt viele Gründe, warum Dein Mitarbeiter zum Feind werden kann. Und oft reicht ein einziger kleiner Auslöser, der dann das Fass zum Überlaufen bringt

Diese Auslöser setzen sich zu 95% folgendermaßen zusammen:

- die ausbleibende, aber erwartete Beförderung/Gehaltserhöhung

- ein Tadel

- eine Abmahnung oder

- die Kündigung

Dein Mitarbeiter ist ein Insider, der genau weiß, wo er Dir wehtun kann. Um Staatsanwaltschaft, Steuerfahndung oder Lebensmittelüberwachung auf den Plan zu rufen, reicht es allemal. Die Motive setzen sich aus Verärgerung und purer Rache zusammen, manchmal sogar spielen moralische Gründe eine Rolle.

Warum das „Anschwärzen" so beliebt ist?
Ein anonymer Denunziant läuft selten Gefahr, entdeckt zu werden, auch wenn Du einen glasklaren Verdacht hast.

Du machst Dich grundsätzlich leicht angreifbar, wenn Du

➢ ...Regeln, gesetzliche Vorgaben oder Gesetze nicht einhälst
    <u>PRAXISBEISPIEL</u>: Durch schwankendes Gästeaufkommen bedingt beachtest Du das Arbeitszeitgesetz nicht immer bis ins kleinste Detail.

Deine Mitarbeiter nutzen ein Zeiterfassungssystem. Damit sind Verstöße sofort dokumentiert.

➤ ...Zahlungen an Mitarbeiter nicht exakt erfassen und anmelden

PRAXISBEISPIEL: Überstunden zahlest Du auch mal „schwarz" aus. Die Vermutung, da stehe im Zweifel Aussage gegen Aussage, ist falsch und gefährlich. Wenn sich nur 2 Mitarbeiter verbünden und diese Zahlungen eidesstattlich versichern, steht es schon 2 zu 1. Gegen Dich!

➤ ...Sozialversicherungsvorgaben nicht einhalten

PRAXISBEISPIEL: Du beschäftigst aus Personalmangel in der Küche häufig so genannte „freie Mitarbeiter", die auf eigene Rechnung arbeiten. Du kannst gar nicht kontrollieren, ob diese alle ein Gewerbe angemeldet haben und Ihren Pflichten nachkommen. Ein feindlicher Mitarbeiter notiert über Monate hinweg jede Stunde der Freien. Hältst Du einer Prüfung hier ganz sicher stand? Wenn Du Sozialversicherungsbeiträge für 3 Jahre nachzahlen musst, wirst Du sicher sauer.

➤ ...die Vorschriften bei Produkt- und Arbeitssicherheit oder Unfallverhütung nicht einhalten

PRAXISBEISPIEL: Du hast die Zuständigkeiten innerhalb Deines HACCP-Systems nicht klar geregelt, deshalb bemerkt niemand, dass das Wasser der Spülmaschine nur noch auf maximal 30°C aufheizt. Und das über Wochen. Salmonellenvergiftung beim Gast, nach dem Produkthaftungsgesetz bekommt nur einer sein Fett weg: Nämlich Du.

Durch folgende Taktiken verhinderst Du, dass Mitarbeiter überhaupt erst zu Feinden werden. Nimm ihnen von vornherein allen Wind aus den Segeln:

✓ Reagiere sofort auf Beschwerden aller Art. Nimm jeden Mitarbeiter ernst. Auch wenn es manchmal nur Theater ist.

✓ Richte eine Beschwerdestelle - etwa ein Kummerkasten oder ein Ansprechpartner im Betrieb - ein.

✓ Überprüfe alle Arbeitsabläufe Deiner Abteilung selbst und ständig. Kleine und übliche Kommentare der Mitarbeiter helfen Dir, Probleme zu lösen, bevor sie entstehen.

✓ Problemprojekte nicht öffentlich machen, gestalte Lösungsansätze nur in einem kleinen Kreis vertrauenswürdiger Mitarbeiter. Ein Demi-Chef muss z.B. nicht wissen, in welchem Stadium sich Investitionspläne für eine neue Showküche befinden.

✓ Zeig keine Unsicherheiten in rechtlichen Belangen, wenn diese ins Gespräch kommen. Deine Mitarbeiter sollten immer von Dir denken: "Der ist so gut drauf, dem macht sowieso keiner was vor"! Das schreckt die meisten schon in der Planungsphase zu kleinen und großen Schweinereien ab.

Fazit

Hab immer ein waches Auge auf jeden einzelnen Deiner Mitarbeiter. Jeder, der auch nur ein wenig Unruhe im Team verbreitet oder Unfrieden stiftet, ist oft auch fähig, Dich nachhaltig in die Pfanne zu hauen, wenn der Zeitpunkt für ihn gekommen ist.

Ein Werbekostenzuschuss macht Dich nicht reich

Attraktiv ist er allemal

„Die ganze Mühe und Arbeit, die Bettelei bei Lieferanten, hinterhertelefonieren. Und das alles für ein paar Euro", so dachte Betriebsleiter Meier.

Achtung: Du bist kein Bittsteller, wenn Du Deine Lieferanten zu einem Werbekostenzuschuss animieren willst. Er zieht manchmal sogar mehr Vorteile aus der Sache als Du selbst.

Sein Kollege, Geschäftsführer Mayer, sprach dagegen alle seine Lieferanten schon frühzeitig auf eine Neuanschaffung seiner Speisekarten an. Als es so weit ist, erinnern sich die Lieferanten und zeigen sich spendierfreudig. Von 8 Lieferanten bekommt er einen WKZ (Werbekostenzuschuss) in Höhe von je 150 Euro, von 2 weiteren jeweils 250 Euro. Seine blitzneuen, exklusiven Speisekarten kosten ihn mit allem drum und dran 800 Euro, die er mit einem Teil des WKZ abdeckt.

Den Überhang von 900 Euro steckt er in Aktionswerbung bei einem exklusiven Regionalmagazin, wobei er durch feste Buchung von 10 Anzeigen nochmals zusätzlich einen Rabatt von 12% heraus holt, was 2 kostenlosen Annoncen entspricht.

Ein WKZ ist heute für den Lieferanten ein planbares Werbeinstrument geworden, in das er gezielt investiert. Denn: Auch er muss seine Kosten im Griff haben

Noch vor wenigen Jahren wurde gestreut: Hier ein paar Euro, da ein paar Euro, ein wenig für die Feuerwehrzeitung, das Gemeindeblatt, den Sportverein, wenn man gefragt wurde. Heute wird geplant, nicht zuletzt durch den Einsatz hochwertiger, aber wirklich günstiger Softwareprogramme. „Wer bekommt wie viel im nächsten Jahr"? ist die zentrale Frage. Deshalb solltest Du immer sehr frühzeitig in Kontakt treten, damit ein Lieferant Dich in den Forecast seines eigenen Werbebudgets einplanen kann.

Was Du durch WKZs finanzieren kannst, wenn der Geber mit genannt wird:

Am besten durch ein kleines Logo, um Präsenz zu zeigen. Du musst entscheiden, ob bei eher geringem finanziellem Aufwand in schwarzweiß oder etwas großzügiger in Farbe. Mach dem Lieferanten dazu zwei detaillierte Angebote zu Deinen Erwartungen.

- neue Speisekarten
- Kochjacken mit Emblemen auf den Ärmeln
- die Leasingrate des Betriebs- oder Cateringfahrzeugs
- Zeitungswerbung

- Radiospots
- Bezahlte Kurzreportagen im Regionalfernsehen
- Kinospots
- Sonnenschirme für die Terrasse
- Verpackungen für Take away
- Schilder zu Produktbezeichnungen auf dem Frühstücksbuffet oder dem Business-Lunch
- Restaurant- oder Hotelprospekte
- Eigenwerbung zu Aktionswochen
- Tageskartenaushänge im Lift
- Deine Website (deren Kosten sich mit WKZs besonders leicht decken lassen), vielleicht auch eine Schwestern-Website, die speziell nur Deine Küche behandelt mit News, Rezepten, Fotos von Events und Brigade, Ankündigungen und Aktionswerbung
- Hochwertig gerahmte DIN A 1 Plakate im Fahrstuhl oder in der Lobby

Wie Du einen WKZ in 8 Schritten sicher „an Land ziehst":

1.

Wirb zunächst selbst für Dein Vorhaben. Sprich alle Lieferanten persönlich, auch telefonisch, auf das Thema an. Ein Brief wäre zu offiziell

2.

Schneide das Projekt WKZ nur kurz an und komm erst etwa 14 Tage später darauf zurück. Wenn Du sofort eine Antwort erwartest, gleicht das einem Überraschungsangriff. Gib Bedenkzeit. Und mehr als ein ehrliches „nein, wir sind finanziell momentan nicht in der Lage" brauchst Du nicht zu fürchten

3.

Argumentiere mit der Summe, die Du beim Lieferanten umsetzt. Du solltest den ungefähren Jahresumsatz nennen, das ist meist eine beeindruckende Zahl. Im direkten Vergleich dazu sind kleine WKZs dann „Peanuts"

4.

Attraktiv sind große Sortimenter, die oft sogar von selbst verteilen und wiederum WKZs von eigenen Zulieferern bekommen.

5.

Vergiss auch Brauereien, Spirituosen-, Wein- und AFG-Lieferanten nicht. Hier finden Sie oft finanzstarke Partner

6.

Der Werbepartner muss eine digitale Vorlage seines Logos in einem üblichen Format bereit stellen, die druck- und stickfähig ist

7.

Spiel mit offenen Karten allen Partnern gegenüber. Informiere untereinander, wer mit im Boot sitzt. Das kann letzte Zweifel ausräumen

8.

In welcher Form willst Du Deinen Werbepartner präsentieren? Das will er natürlich wissen!

In Bar-Getränkekarten siehst Du hinter den Getränken meist das Originallogo von Wodka, Amaretto, Säften & Co. So ist die Karte finanziert.

AutorenTipp:

In gleicher Form kannst Du Deine Speisekarte konzipieren. Hinter dem vegetarischen Strudel das Logo des Biohofes. Hinter dem Kalbsfilet das Metzgerlogo usw.

Spricht Dich das nicht an, kannst Du eine Extraseite mit kurzer Vorstellung Deiner Werbepartner in die Speisekarte einfügen oder auf jeder Seite ganz unten EINEN Partner nennen.

Eine sehr schnelle, zusätzliche Möglichkeit, einen WKZ zu „angeln", ist die Werbung auf Deiner Tages- oder Mittagskarte, die Du vor dem Mittagsgeschäft noch schnell durch den Kopierer laufen lässt.

Leg den finanziellen Rahmen fest, den Du Dir für vorzugsweise eine Woche vorstellst. Für diesen Zeitraum kann dann auch die neueröffnete edle Boutique bei Dir werben, das exklusive Reisebüro, das Fotostudio, die Friseurmeisterin.

Das Logo ist problemlos und schnell hineinkopiert.
Das ist ein ungeahnt großer Werbemarkt. Und auf einer schnellen Mittagskarte für Banker, Büroangestellte und Touristen absolut passend, auch in einem gehobenen Haus.
Für einen Wochenwerbepreis von 100 Euro müsstest Du bei einer 10%igen Rendite erst einmal 1000 Euro Umsatz machen, um das gleiche Geld zu erwirtschaften. Das ist Rendite aus dem Nichts, aus dem Hut gezaubert. Weil Du klug bist!

mit taktisch beruflichen Zielvorstellungen

Jedem Menschen stehen 24 Stunden am Tag zur Verfügung, um seine Dinge zu erledigen. Sogar Dir! Dinge, die individuell wichtig sind. Während die einen ständig vor dem Insolvenzverwalter sitzen, auch wenn ihre Tage 96 Stunden hätten, haben andere ihre Zeit im Griff. Bill Gates z.B. hat in den ihm zur Verfügung stehenden 24 täglichen Stunden ein Milliardenvermögen von null an aufgebaut. Sicher auch, weil er äußerst zielstrebig seine Ziele verfolgt hat und es immer noch tut.
Genau das ist das Fundament Deiner Lebensplanung.
Werd jetzt nicht größenwahnsinnig und vergleich Dich mit Billi, aber dieses Beispiel zeigt Dir: Alles ist möglich! - das ist hier keine esoterische Erfolgstraineraussage. Alles nach Deinen Vorstellungen.

„Was, noch so ein Schwachlast-Test zur Selbsterkenntnis", fragst Du genervt? Ja, aber dieser ist gut, weil es meiner ist. Du musst keine 10 Minuten für ihn aufwenden. Und mit Glück zeigt er Dir die richtige Abzweigung auf einer der vielen Millionen Kreuzungen Deines Lebens-/Berufsweges.

Alternativ könntest Du natürlich auch mit der Aussage glänzen: „Ich habe keine Ahnung, wohin ich fahre. Aber ich gebe immer Vollgas!"

Mit folgender Taktik entwickelst Du eine ausgesprochen feste Basis:

PHASE 1: *Überprüfe für das ganz persönliche Lebensmanagement deshalb zunächst Deine Prioritäten. Was ist Dir wichtig, was willst Du erreichen? WOFÜR willst Du Deine Zeit überhaupt einsetzen?*

Nummeriere folgende Ziel-Checkliste nach ganz persönlicher Rangfolge durch, um Deine Motivation herauszufinden.

Dein wichtigstes Lebensziel bekommt die 1:

☐ **SICHERHEIT**
Ich will kein Risiko in Beruf, Familie und finanziellen Angelegenheiten eingehen und so sicher wie irgend möglich leben. Hop oder top-Mentalität, um die Möglichkeit zur Selbständigkeit auszureizen, ist mir fremd.

☐ **PRESTIGE**
Ein Geschäftsführerjob in einer angesehenen Hotelkette/Inhaber des nobelsten Clubs der Stadt zu sein hätte Vorrang vor allem anderen. Auszeichnungen in Verbänden und bei Ausstellungen heben mein Selbstvertrauen ungemein.

☐ **WOHLSTAND**
Mein gut gefülltes Bankkonto, Anlagen und Depots sind mir heilig. Mein Traum ist die Realisierung eines gastronomischen Großprojekts, mit dem ich ein Vermögen machen kann.

☐ **GESUNDHEIT**
Ich möchte noch viele Jahre beschwerdefrei leben und achte deshalb täglich auf gesunde Ernährung und ausreichende Bewegung. Regelmäßige Arztbesuche beispielsweise sind für mich selbstverständlich.

☐ **OPFERUNG**
Die Zufriedenheit anderer liegt mir außerordentlich am Herzen. Meine Azubis und meine nicht integrierten Spüler können sich auf mich jederzeit verlassen.

☐ **SELBSTVERWIRKLICHUNG**

Ich will mich entfalten. Meine schöpferische Gabe muss ich ausleben. Hierzu werde ich ein eigenes Restaurant eröffnen, damit mir niemand hereinreden kann.

☐ **FACHKOMPETENZ**

Mein Traum, eine Autorität in Sachen Küche oder Management zu sein. Jemand, dem man zuhört, wenn er über Fachthemen referiert.

☐ **VERPFLICHTUNG**

Die Aufrechterhaltung der Berufsehre und Prinzipien der Gastronomie/Hotellerie ist mein Thema Nr. 1. Ich kämpfe für die Ideale des Berufsstandes.

☐ **SPASS UND VERGNÜGEN**

Ich will mein Leben genießen. Ich arbeite gern, aber die angenehmen Seiten des Lebens haben höhere Priorität.

☐ **FÜHRUNGSANSPRUCH**

Andere anzuleiten und zu entwickeln liegt mir am meisten. Meine Ziele mit Hilfe anderer durchzusetzen begeistert mich.

☐ **UNABHÄNGIGKEIT**

Ich muss mein eigener Herr sein, dem niemand erklärt, was falsch und richtig ist. Es ist mir ein Graus, fremde Philosophien anhören zu müssen.

PHASE 2: Gleiche - wie bei einer DNA-Probe - Deine Lebensziele mit den beruflichen Zielen ab. Volltreffer bei Übereinstimmung, Aufarbeitung und Neuausrichtung bei Negativbescheid.

Beantworte die folgende Fragen wirklich ehrlich, nur für Dich selbst und ganz persönlich:

- Welche Deiner wichtigsten Lebensziele mit den Nummern 1, 2 und 3 kannst Du in Deiner jetzigen **Position** erreichen?
- Wenn nicht, wo und in welcher Position könntest Du es?
- Welche **Opfer** müsstest Du bringen, um Deine Ziele zu erreichen? Ein Nebenziel für ein Hauptziel opfern?
- Was willst Du in 1 Jahr erreicht haben?
- Was willst Du **in 5 Jahren erreicht** haben?
- Welche Stärken helfen Dir bei der Umsetzung Deines 5-Jahresplans?
- Welche beruflichen **Hindernisse** müssest Du aus dem Weg schaffen, um Deine Lebensziele zu erreichen?

Das berufliche Ziel ist dem Lebensziel weit untergeordnet. Das Lebensziel bestimmt den SINN Deines Lebens. Analysiere deshalb die vorstehenden Fragen sehr scharf.

Setz Deine ganz persönlichen, hier gewonnenen Erkenntnisse in die Tat um. Mach **engagiert weiter**, sobald Du den richtigen Weg beschreitest. Brich ab, wenn Du keine Übereinstimmung feststellen konntest. Beides bringt Dich weit nach vorn.

Es könnte Dir in Deinem Leben andernfalls so gehen wie dem Waldarbeiter, der schon tagelang an einem Baum sägt und wegen des stumpfen Sägeblatts nichts weiterbringt. Ich frage ihn: „Hey Säger, warum schärfst Du Deine Säge nicht?"
Da sagt der staubtrocken: „Alter Schwede, dazu habe ich keine Zeit. Du siehst doch, ich muss sägen!"

Alle folgenden Kreationen sind geistiges Eigentum des Autors.

Was Dich allerdings nicht am Nachkochen hindern soll!

Sei kreativ und lass Dir andere Zubereitungsarten, Formen,

Anrichteweisen und Zutaten einfallen.

So bindest Du den Gast an Dein Haus.
Weil Du so toll kochst !

Jedes Gericht wurde sorgfältig nach geschmacklicher und farblicher
Korrespondenz zusammengestellt, gekocht und mit Erfolg serviert.

Es ist hip, Deinen Kreationen Namen zu geben, sie sind es wert. Jedes
Gemälde und jedes Lied heben ja auch einen.

Sogar Dein Hund hat einen Namen. Oder wie rufst Du Deinen? „Hund?"

SUPPEN & VORSPEISEN

Melon Creek
Melonen-Portweinsalat
mit Parmaschinken-Segel und Pistaziengaletten

Grand Lac
Kalbstafelspitz-Karottensülze
in geeister Ingwer-Orangensabayon

Jaques Jock
Lachs-Beignets
in Limonen-Mohnteig gebacken auf Schnittlauchsahne

Roosters
Artischocken-Sardellengratin
auf Mini-Chesterstangen-Mikado

Craider
Tatar von geräuchertem Aal
auf Schalotten-Honigconfit

Sparilius
Miniroulade von Wirsing uns Spargel
in Kalbsglace

Liebelita
Kochschinkenrose auf Tomaten-Whiskyparfait
mit Pumpernickelcroutons

Ragblue
Forellenfilethorn mit Meerrettichmandeln gefüllt
auf Preiselbeerflammerie

Stackla Boo

Ratatouille von Navetten, Kirschtomaten, weißen Paprika

und Kaiserschoten

Tassala

Egli-Paprikagelee

auf Leinsamencroutons in Pfefferschaum

Spuna

Lachsteig-Waffel

auf rotem Kartoffel-Rahmgratin

Valentino

Riesenschupfnudel im Speckmantel gebraten

in Petersilienjus

Spada Lambada

Gefülltes Lammfilet mitArtischockenherzen

in geliertem Calvados

Al Jazeer

Carpaccio von Oktopus und Zucchini

in Honig-Pfeffermarinade

The White

Schaschlik von Weißwurstscheiben

und Brez'nknödeln in süßer Senfsauce

Pommania

Gedeckte Kartoffel-Langustentarteletts

auf Rote Beetejoghurt

Knowa

Knoblauch-Waldmeisterrahmsuppe

mit Speckcroutons

Le Crab
Essenz von Nordseekrabben
mit Curryliason gratiniert

Cheesel
Frischkäse-Rahmsuppe
mit Himbeer-Hefenockerl

Grease
Grießcremesuppe
mit Gänseleberfleurons

Kuvna
Kumquat-Kokos-Schaumsuppe
mit Garnelendatschi

Coca
Staudenselleriepunsch
mit Sahne-Kaffeehaube

Jetica
Schaumsuppe von Leberwurst und frischen Äpfeln
in der Brottasse serviert

Walli
Wachtel-Mandarinenessenz
mit Sesamroyal gratiniert

La Monius
Doppelte Karottenconsommé
mit Mohncrepes-Talern

Alma
Doppelter Schneckenspieß
in schwarzer Gemüsezwiebel mit Knoblauch-Kamillensahne

Matja

Matjes-Oliventatar

mit gefüllter Pumpernickelpraline auf Gurkencreme

Chopper

Püreesuppe von Kartoffelchips und Kirschtomaten

mit Ginsahnehaube

Fini

Ragout Fin-Suppe

mit Knoblauch-Mie de pain gratiniert

Mocmania

Mocca-Pfefferrahmsuppe

mit Karottenprofiterols

Olanda

Orangen-Erdnuß-Schaumsüppchen

mit Kalbsfiletjulienne

Colamero

Wildschweinessenz

mit Walnuß-Schinkennocken

Chitop

Kohlrabi-Mandarinensuppe

mit gerösteter Entenleber

Ansanu

Auster-Speckbouillon

unter der Blätterteighaube

Carambon

Rahmsuppe von Physalis

und geräucherter Hähnchenbrust mit fritierter Petersilie

Pumper
Pumpernickeltoast
mit Knoblauchbutter, Sardellengitter und pochierten wachteleiern

Grand Wan
Frühlingsrolle mit Schafskäse und Proseccotrauben gefüllt
auf Vermicelles von Baby-Rucolasalat

Eg Lii
Flußbarsch-Melonen-Concassee
auf Wildreisgaletten mit Limetten-Fernetschaum

Lou
Gratin von Fasanenbrust
und Wachtelspiegelei in Pfeffer-Mohnsahne

Sausa
Schaumsuppe von frischer Weißwurst
mit Senfliason gratiniert

Champlanina
Klare Champignonsuppe
mit Kalbsbries und Traubenconcassee

Alanti
Süßsaure Aalsuppe
in Schinken-Blätterteig

Mexx
Tequila-Erbsenschaumsuppe
mit Chilicroutons

Mr. Pepp
Karotten-Pfefferminzessenz
mit pochierter Auster

Blue Diner
Blaukraut-Meerettichsüppchen
mit Kartoffel-Backerbsen

Kaglano
Kegel von Kalbshaxensülze
mit frischen Gemüsebrunnoise in Bordeauxessig-Merrettichschaum

Sir Cool
Paillard vom Räucheraal
auf Chicoreespitzen in Whiskycreme

Limenon
Limonen-Krabbensuppe
mit Basilikumravioli

Prosenfanema
Prosecco-Senfcremesuppe
mit weißem Traubenconcassee

Moxl Mix
Ingwer-Weißkrautsuppe
mit Ananascroutons

Anastas
Geeiste Ananas-Shrimpssuppe
mit heißem Kartoffelgitter

Midel Mo
Essenz von Wachtel und Calvados
mit getrüffelten Nudeltalern

Salmostar
Gebeizte Lachs-Schleifen
auf Whisky-Crasheis mit kaltem Algenrisotto

HAUPT- UND ZWISCHENGERICHTE

Julia Dream Drop
Geschnetzeltes vom Milchlamm
und geräuchertem Wildlachs in roter Linsenmoussebordure

Ace Spider
Sauerbraten von der Hasenkeule
mit Wirsingpüree und paniertem, fritiertem Kartoffelsalat

Die Sau
Zopf von Wildschweinfilet und Vollkornsauerteig
in Schoten-Blaukrautrautenragout

Pro Chick
Ganze Poularde in Kartoffelteig gebacken
auf Riesen-Ratatouillegemüse

Longleg
Spieß von Straußenfilet, Babykarotten und Hirschschinken
in Cognacglace mit Lauch-Byronkartoffeln

Prawda Real
Fächer von Schweinefilet und Mango
in rotem Pfefferespuma

Rock Rabbit
Frikadellen von Hasenkeule und Maroni
mit Blaukrautgalletten und Riesenbouillonkartoffeln

Valander
Rinderfiletwürfel in Champagner-Safransud gegart
auf Wildreis-Spinatrösti

Sparoliol

Spare Ribs in Meerrettich-Chili-Panade gebacken

mit süßem Balsamicodip

Mekk Mellow

Kaninchen-Lachsragout in Apfelsinensahne geflämmt

mit Reiskeksen

Musmak

Moussaka von Rehrücken, Williamsbirnen

und Pariser Kartoffeln in Proseccosahne gegart

Hendler

Ganzes Rinderfilet in saurem Baumkuchenteig gebacken

auf Kartoffel-Knoblauchconfit

Galanta

Galantine vom Hauskaninchen mit Zucchini-Maronenconcassé

gefüllt und in Rumsahne geschmort

Ciabbatina

Hauchdünne Ciabbata-Pizza

mit Kalbsfilet und Riesengarnelen belegt

Roll Heaven

Roulade vom Entrecote mit Seranoschinken und roten Paprika gefüllt

in Chianti-Senfsauce geschmort auf Kartoffelstroh

Havalla

Maishähnchenbrust im Speckmantel auf Parmesanbutter

mit Ratatouille von Kartoffeln und Broccoli

Jingle Jack

Lammkeule in Balsamico-Marillensud geschmort

mit Mohnschupfnudeln

Mareni Lumpa

Risotto von Knurrhahnfilet, Melone und grünen Pfefferbeeren

im Radicchiosalatkranz

Maisana

Fasanenkeule mit Wildschweinfarce gefüllt

auf Marsalasahne mit Blaukrautgratin

Black Molly

Schwarzbrotpizza mit Zwiebel-Geflügelragout gebacken

und Chicoreespitzen garniert

Tartania

Tartar von geräucherter Taubenbrust und rohem Lachs

in Perlzwiebelglace mit feinstem Kartoffel-Karottenstroh

Shlama

Schleifen vom Spanferkelrücken und marinierter Hähnchenbrust

in Champagnerbouillon mit grünen Navetten und Sauerteigkroketten

Outlaw

Straußenbraten in Ananas-Artischockensauce

mit Sauerkraut von Kopfsalat und Kräuterknödeln

Check Jump

Großer Cheeseburger von Wildschweinfarce

im Vollkorn-Briochebrötchen

Picadilii

Piccata von Kalbsleber und Boskop-Apfel

auf Spaghetticrepes in roter Zwiebelsauce

Canfer

Ganzes Schweinefilet mit Schafskäse und Zitronen-

gras gefüllt auf Knoblauchkonfitüre mit Kartoffelbonbons

T-Time
T-Bone-Steak vom Hirsch in Rosmarinbuttermilch
mit Bohnensoufflé und Kartoffel-Sauerrahmfächer

Dodalia
Entenbrust in Spätzle-Haselnußteig gebacken
auf Kartoffel-Feigengemüse

Krava
Kalbskotelett mit Sardellenschaum gratiniert mit
grünem Bohnenpüree gefülltem Kohlrabi

Saffler
Safran-Kalbsbrustragout
auf gebratener Riesen-Serviettenknödelscheibe

Interliv
Kalbsleber-Birnenspieß in Lauchglace
mit gebackenen Risottobällchen

Filea
Rinderfiletwürfel in Limetten-Bierteig gebacken
auf Trauben-Lauchsauce mit Fenchelspaghetti

Greenlight
Grüner Spargel mit Kochschinkenmousse gratiniert
in roter Apfelcreme serviert

Schnckg
Salat von Erdbeeren und geräuchertem Kalbslachsschinken
auf Blätterteig-Lauchschnecke

Sandrina
Spanferkel-Kokosgoulasch in der Nuß serviert
auf gratinierter Petersilienreisbordure

114

Figo
Schaschlik von Entenleber und Trockenfeigen
in Cassisbouillon gegart mit Parmesan-Macairekartoffeln

Rinonion
Hundsscharfe Kalbsnieren in der Blätterteigschale
mit gebratenen Navettentalern

Helderlein
Rinderfilettsche mit Spargelsouffle gefüllt
auf Red-Bull-Butter

Grand Auberge
Paillard von Maishähnchenbrust in rotem Ei gebacken
auf Reis-Rosinengoulasch

Roll Up
Wirsingroulade mit Gänsehackfleisch gefüllt
und Sherry-Bouillonkartoffeln

Windowski
Doppeltes Kalbslendensteak in Apfelsaft pochiert
im Riesen-Kartoffelnest

Caipirha Grande
Bachsaibling mit Caipirinhasud (zuckerfrei!) und
Babyfenchel in der Folie gegart und poelierten Ingwerkartoffeln

Sandrock
Ganzes Kalbsfilet in Mohn-Dunkelbierteig getaucht
auf Perlzwiebel-Zucchiniragout

Schwinschwog
Schnitzel von Strauß und Kaninchen (ineinander plattiert)
auf Nudel-Reisgoulasch

Madaka
Paillard-Roulade von Hirsch und Taube
in Portwein-Clementinenjus mit Blaukrautmaultaschen

Dagga
Geschmorte Fasanenkeule in Malibu-Schalottensud
mit Wildreisgaletten und Zuckerschotenrauten

Schaleila
Trauben-Lachsgratin
im Kartoffel-Gurkennest

Turafino
Wachtelpraline in Rotkohl-Rühreimantel
auf Lauchpalme serviert

Cevacip
Cevapcici von Kalbsfilet mit marinierter Perlhuhnbrust
gefüllt auf Kartoffel-Knoblauchgratin

Ballana
Hähnchenballotine in Vollkornbrotteig gebacken
mit Paprikaduxelles in klarer Safranjus

Com Com
Bratwurstschnecke von Tafelspitz und Wirsing
auf Mini-Chipskartoffeln in flambiertem Meerrettichmousse

Wooster
Schweinefilet in Senf-Briocheteig gebacken
auf Zwiebelbearnaise

Ossalinum
Osso Bucco vom Hauskaninchen in Mango-Paprikajus
geschmort, mit bunten Römischen Nocken

FISCH & MEERESFRÜCHTE

White Star
Seezungenfilets im Cornflakes-Chilimantel gebacken
in Cointreau-Limettenschaum

Buena Vista Blue
Schaschlik von Zander und Gambas
auf Tomaten-Walnußfondue gratiniert

Strandläufer
Zopf von Scholle und Thunfisch in Meerrettich-Tomatendip
und gebackenen Kaiserschoten

Lotter Love
Cordon Bleu von Lotte de mer und Kaninchen
in Serranoschinken-Schalottenmousse mit Martinikartoffeln

Endless Osam
Cevapcici von Scampi und Wildlachs
auf Ajvar-Espuma mit Vollkornreispüree

Sahibi
Gebackener Saibling nach "Colbert Art"
in Maltaiser Sauce mit grünen Kartoffelwürfeln

Cav Can
Beluga Kaviar im Chiccoreesalat-Mantel
in Limonen-Briocheteiggebacken

Rahiba
Gebratene Waller-Rührreiroulade
in Limetten-Tomatenhollandaise mit Wildreiskroketten

Al
Backfisch vom Aalfilet mit Apfelremoulade
und Kartoffel-Blaukrautsalat

Tat tuu
Tatar von Bückling und Pumpernickel auf Orangen-Creme fraiche
mit gerösteten Toastbrotstangen

Dubanian
Leberkäs vom Karpfen und Hecht
im Vollkornbrioche-Brötchen

Rogler
Gebratener Heringsrogen in Joghurt-Meerrettichsahne
mit Duchesse-Kartoffelkugeln

Cannolonion
Thunfisch-Canneloni in roter Basilikumsahne
mit Proseco gegart

Enana
Eintopf von Flußkrebsen, Roter Beete
und Artischockenblättern

Tartarille
Kartoffeltartelette mit feinem Lachsragout
und Forellenfetzen gefüllt und roten Spargelspitzen umlegt

Bologo
Schwarze Spaghetti mit Wildlachsbolognese
in blanchiertem Romanasalat

Konklodium
Frikadelle - Boulette - Pflanzerl - Hacksteak
von Hummer und Rinderfilet auf Orangen-Erdnußsahne mit
Keniabohnen-Concassee und rotem Kartoffelschnee

Lloup
Medaillons vom Seewolf im Wirsingblatt geschmort
auf Wildreis-Palmenherzenragout

Light Tonite
Weißer Thunfisch in Orangen-Feigensahne
auf Kartoffel-Erdnußsouffle

Fresh Noon
Saiblingsteaks in Currybutter poeliert
auf fritiertem Kartoffelstroh

Fishermen's
Blaukrautroulade mit Seehechtfarce gefüllt
in Weißbierjus gegart und Byronkartoffeln

Cann Conner
Canelloni mit Venusmuscheln und Nordseekrabben gefüllt
mit Mozzarella und roten Pfefferbeeren gratiniert

Zandross
Zander-Lauchbratwurst
in dreifarbiger Pprikacreme

Goldam
Goldbuttfächer in Holler-Vegetasauce
mit dicken Chip-Kartoffeln

Lottana Libra
Seeteufelmedaillons in Himbeeressig-Calvadosschaum
mit Kirschtomatenfondue und Reisduchesse

Tronanda
Edelfischlasagne
in Schalotten-Paprika-Sahnepüree

Rolrehler
Mangoldroulade mit Hechtschaum gefüllt
auf schwarzer Paprikasauce in Kartoffel-Joghurtbordure

Farandini
Frikassee von Scampi und Austern in klarem Champagnerfond
mit Kaiserschotenspaghetti und Mohnblinis

Sailsoccer
Shwertfisch-Kartoffelroulade
in Balsamicosahne

La Vec
Halber Hummer mit schwarzen Mini-Maccaroni gefüllt
und Hummerragout gefüllt

Doodle
Lachsfilettasche mit Meerrettichrisotto gefüllt
in reduzierter Kerbelsahne

Wug
Ganzer Seewolf im Bananenblatt gebacken
auf Kartoffel-Zucchinilocken

Ratela
Rtatouille von Languste, roten Trauben und Kaviar
in der ganzen Kruste serviert

Sofla Bata
Soufflé von der Pfeffermakrele und Kumquats
im Nest von Olivenbandnudeln

Mata Ga
Matjes von Riesengarnelen auf gebratenen
Mini-Würfelkartoffeln mit Cognac-Sauerrahm

PASTA & VEGETARISCH

Spagha Cheese
Vollkornspaghetti in Kürbiskernsahne
mit Gorgonzola, Mozzarella, Chester und Romadour gratiniert

Noodle Man
Tomatenbandnudeln in Spargel-Kombuchacreme
mit marinierten grünen Kirschtomaten

Lana Nadana
Gerollter Maccaroni-Spargel-Pfannkuchen
mit Petersilienpüree gefüllt in Schinkensahne

Roona
Cognac-Rahmragout von roten Rigatoni und Miesmuscheln
im Blätterteigtopf serviert

Malva
Gebratene Gemüseschnecke
in Kerbel-Erdnußbutter

Schmidt's
Käsespätzle-Rösti mit Zwiebelmousse flambiert
in Speckschaum

Melonicus
Nudelragout in gelber Paprika-Hähnchensahne
mit Schinkenschleifen in der Melone serviert

Pizzaiolita
Schwarze Penne Rigate in geshmorten Kirschtomaten
mit Babyfrikadellen von Oliven, Kapern und Sardellen

Colahera
Spaghetti-Rösti auf Tomaten-Sonnenblumenkernsauce
mit Kalbsnockerln

Ravini
Rote Maultaschen mit Kaviar (Beluga Malosol) gefüllt
auf Ragout Fin von Flußkrebsen

Mac Moller
Maccaroni-Lauchtimbal in Bündnerfleisch gehüllt
in Speckbouillon serviert

Doosle Daisy
Pasta-Eiertorte in Hähnchenfiletbolognese
mit gebratenen Salbeiblättchen

Snoook
Roulade von Kalbsfilet und Lasagneblättern in Vermouthsahne
geschmort mit gestampfter Baked Potatoe

Spagh Spoogle
Ganzes Spaghettiomelette in Hefe-Bierteig ausgebacken
in Tomatenschaum und grünen Pfefferbeeren

Strudelloti
Blätterteigstrudel von Broccoli und roten Rüben
in Karotten-Trüffelschaum

Torero Tower Tab
Türmchen von Kartoffelchips, Zucchini, Sellerie und Tomate
in gebundenem Kirschsaft

Ljudi Wak
Geeistes Zwiebelparfait
auf fritiertem Zucchinistroh

Diamantira

Tagliatellespieß

in Rote Beete-Lauchragout

Roschtl

Kartoffel-Kokosrösti in Feldsalatbeet

mit rotem Martinidressing serviert

L´ou d´or

Rote pochierte Eier in Dijonsenfschaum

mit Pariser Kartoffeln am Spieß

Concasia

Omelette von frischen Feigen und gehobeltem Parmesan

in Rosmarinhollandaise

Baluma

Soufflé-Guglhupf von Spargel, Breznknödel

und Mangold in klarer Kerbelglace

Fleur Sandrin

Blätterteigravioli mit Gemüsefarce gefüllt

in roter Pfefferzabaione

Colucca

Espumas von Zucchini und roter Paprika

in Pfeffer-Mohnhollandaise mit Olivenkartoffeln umlegt

Russec

Panierte fritierte Eigelb

auf Ketakaviar-Kartoffelsalat

Ratalica

Ratatouille von Artischocke, Senfgurke, Romanesco und

Physalis in Tomaten-Noilly Pratglace mit Blitzblätterteigfetzen

DESSERTS

Teatime Pepperegg
Pfefferminz-Eierlikörsorbet
mit Haselnußravioli

Met Molli
Brez´n-Pfirsichsorbet
auf Honig-Fernetbrancaschaum

Speaker Man
Tomaten-Drambuie-Sorbet
auf gebratenen Eier-Rohrzuckersemmeln

Kaluha Alaaf
Gelee-Mosaik von Kaffeelikör und Roter Beete
in gesponnenem Zuckerhut

La Hiba
Hibiscusgelee
mit Karamelpraline

Mala Bi
Malibu-Sorbet
mit grünen Pfefferbeeren und Blätterteigmikado

Lunaletti
Espuma von Batida de Coco und Bananen
in weißer Himbeerjus

Schneckerl
Gebratene Apfelstrudelbratwurst
mit Vanille-Pfeffersauce

Datello

Dreifarbige Dattelsabayon
mit Mohn-Hippenröllchen

Sesamito Lito
Sesam-Hefebällchen
in Ahornsirup gefroren

Nana Ning
Bananen-Frühlingsrolle
auf Waldhonigmayonnaise

Vanrhab
Vanille-Rharbarbersorbet im Zucker-Kartoffelkörbchen
auf leichtem Amarettogelee serviert

Grozdz
Traubengranité
auf fritiertem Ananasstroh

Caplan
Babykarotten in Rosmarinhonig fritiert
auf Moccaaspik mit Erdbeersorbetsonne

Cocc
Geeistes Ananas-Malibupüree mit flambierten Waldbeeren
in der Kokosnuß serviert

Kuala King
Granité von Red Bull
mit Honigkarotten-Grapefruitsalat

Treba Mascha
Moccasorbet mit Walnußragout
und Himbeersabayon

Parmana

Parmesanbällchen in Honig-Weinteig gebacken

auf rotem Traubenpüree

Dschööh

Paniertes, fritiertes Stacciatellaeis am Spieß

auf Schokoladensabayon

Suzettissimo

Flambierte Crepes in Red Bull-Jägermeisterfond

glaciert mit geeisten Lychees

Cara Lica

Kleehonigsorbet am Spieß

mit Grieß von Macadamia-Nüssen

Boonie

Gebackene Banane im Malibu-Brioche

mit Rharbarbereis

Auszug aus „Schwarzbuch Gastronomie"

von Julius C. Saar

vorgestellt bei ▣▦▢ V•X ◢ n•tv

Gib mir noch nen Fusel

... oder: O′zapft is, der Schädelspalter

„Das ist kein Jim Beam", protestiert der Whisky- und Whiskeykenner im bekannten Werbespot. Ein Kenner schmeckt das. Bist Du auch ein Kenner? Bist Du in der Lage, verschiedene Sorten Maltwhisky auseinander zu halten?
Bestellst Du Dir eine teure Mischung wie Cuba Libre, Caipirinha, Cola Whisky oder Wodka Lemon, darfst Du schon aufgeben.

Schmeckt doch alles nach Alk, und nach der vierten kräftigen Mischung dröhnt der Kopf,

jedenfalls meiner. Bist Du trainiert, sind es sieben.
Sei sicher, dass Du in fast jedem Massentanzschuppen gelinkt wirst. „Ich bekomme meine Drinks aber immer aus der originalen Smirnoff-, Bacardi- oder Jack Daniels Flasche", sagst Du. „Ich lass mich doch nicht über den Tisch ziehen. Nicht mit mir"!

Mein lieber Trinker, da musst Du aber früher aufstehen!

Entweder der Inhaber, der Geschäftsführer oder der Barkeeper zeigt Dir schon, wie′s geht. Einer von Ihnen, manchmal alle zusammen, füllen nach Feierabend die Originalflaschen mit Billigschnaps auf, die sie in jedem Niedrigpreisdiscounter nachgeworfen bekommen.

Das sind Schädelspalter, spätestens am nächsten Morgen

Jetzt weißt Du woher die Kopfschmerzen kommen.
Wohl die Ramazottiproduzenten haben dieses Problem wahrscheinlich als erste erkannt. Mittels Kunststoffkugel im Flaschenhals kommt ein Schluck „Ich mag Dich" heraus, aber nie wieder hinein. Ja, aber nur wenn Du eine technische Supernull bist. Ein Minischlauch löst auch dieses Problem. Und es soll clevere Wirte geben, die sich einen Wechselkopf für solche Flaschen basteln. Oder basteln lassen.

Als Lohn der Mühe gibt′s ein paar Ramazotti, natürlich original!

Sei′s drum. Ich will Dir nur darlegen, wie hoch dieses Betrugsproblem von vielen Fabrikanten mittlerweile eingestuft wird.

Ein frisch gezapftes Edelpils zischt doch so richtig runter, besonders Deine ersten drei. Oder nicht?
Aber welchen Plempelsud trinkst Du?

Also MEIN Bier ist MEIN Bier, und das erkenne ich mit verbundener Zunge, denkst Du jetzt. Mag sein, Du bist der Fachmann!

Warum geben nun Großbrauereien runde 30.000 Euro für ein Biertestgerät aus, wenn es kein Problem gibt? Begonnen haben die Warsteiner Brauerei, Veltins, Heinecken und Bitburger, weitere werden folgen.

„Aber, aber, solche Massenplörre trink ich ja gar nicht!", lallt mein Projektleiter.

Dann hat er ja auch kein Problem!
Fakt ist leider: Allein eine dieser Brauereien deckt pro Jahr weit über 100 Fälle auf, in denen durch den Wirt betrogen wird: Du trinkst Billighopfenschorle, zahlst aber ein Markenprodukt. Wenn Du einen Mercedes zahlst und einen Skoda bekommst, merkst Du das. Hoffentlich! Warum nicht beim Bier?

In einer mittelgroßen Diskothek spart sich der Wirt pro Abend etwa 100 Euro an Wareneinsatzkosten, wenn er Dir Billigfeuerwasser verkauft. Das ist unterste Grenze und stark zu Gunsten des Wirts gerechnet. Das sind an drei Öffnungstagen pro Woche 300 Euro, macht aufs Jahr 15 Mille. Bei fünf Jahren Pachtzeit 75.000 Euro für nix und nada. Unversteuert und in der Zeit in Liechtenstein angelegt sind das über 100.000 Euro. Jetzt ist das Gastrokonto wieder ausgeglichen:

Einer hat die Kohle, der andere den Kopfschmerz.

Und es belebt die Wirtschaft. Weil z.B. Aspirinhersteller sich auch freuen und Umsatz machen. Tabletten müssen verpackt und promotet werden. Also steigert sich das Transportgewerbe und die Recyclingindustrie. Und bald haben alle wieder Arbeit. Was zählt da ein Tag Kopfschmerzen?

Solltest Du dieses Konzept dem Bundeskanzleramt verkaufen wollen, musst Du mich beteiligen!

Feierst Du Geburtstag, Deine Hochzeit oder ein Jubiläum im größeren Rahmen außer Haus, fehlt Dir schon bei 20 Gästen der Überblick. Das Menü oder Buffet wird meist zum Festpreis abgerechnet. Multipliziert mit der Personenzahl, das kannst Du ja !??, ergibt dies den Gesamtbetrag für Speisen.
Und die Getränke?

Kontrollierst Du, wie viel Rotwein Tante Helga in sich reinschüttet

und welche Mengen an Bier Dein alter Schulfreund Jürgen vernichtet? Da wird fleißig dazugerechnet! Die Getränkestrichliste steigt überproportional zu den ausgegebenen Drinks, ohne dass Du es bemerken würdest. Das ist, solltest Du es mit Zeugen beweisen können, klare Urkundenfälschung. Weil in diesem Fall auch eine Strichliste ein Dokument ist, eine Urkunde.

Es ist kein Witz, auch Verfälschungen auf Deinem Bierdeckel, solltest Du ein Weißbier „ausradieren", erfüllt den Straftatbestand der Urkundenfälschung.

Zurück zu Deiner Party, die Du meist noch abends mehr oder weniger schwer angealkt bar cash zahlst. Der Abend war schön und lustig, keine gesundheitlichen Ausfälle und kein Familienstreit zu verzeichnen. Da zahlst Du doch gerne. Etwas teurer als Du dachtest, aber man lebt doch nur einmal. Und hier ist Geiz doch nicht geil.

Die Bedienung bekommt dann noch ein schönes Trinkgeld. Obwohl sie - auf Deine Rechnung - zwei teure Flaschen Prosecco geleert hat,

sozusagen als Starthilfe für ihre Freundlichkeit.

Und freundlich war sie doch? Auch, weil sie nicht hungrig war und von Deinem Buffet gegessen hat. Und ihre freundliche Kollegin auch, und ein bisschen die Aushilfe. Und weil ihr Freund zuhause so lange auf sie warten musste (nur deinetwegen!), bringt sie ihm noch eine schöne Flasche Wein mit. Da es Deinem Geldbeutel jetzt auch schon egal ist, auf Deine Rechnung!

Hast Du gar 50 oder mehr Gäste geladen, ja dann prost! Und pass auf, dass beim Empfang auch Dein vorher gewählter Prosecco ausgeschenkt wird. Mit Orangensaft gemischt – damit er nicht so reinbombt – bist Du nicht in der Lage, Billigblubber für 50 Cent den Liter zu erkennen.

Den bieten fliegende Händler ganz ohne Rechnung in Riesen-Tetrapaks an. Von denen erstehst Du als Wirt auch Fuselschnäpse, No-Name-Biere, toskanische Weine, die „vom LKW gefallen" sind, selbstgesammelte Pilze für Dein Edelpilzragout und Rinderfilets, die der Metzgermeister bei einem anderen sorg- und kontrolllosen Kunden „vergessen" hat, abzuladen.

Deshalb siehst Du in italienischen Restaurants auch so oft nächtliche Lieferanten, die noch schnell an der Bar mit dem Chef einen Vino trinken. „Alles Familie", sagt der Chef. Und Du wirst neidisch auf den großen Familiensinn der Italiener. Seit Adam und Eva sind wir doch alle miteinander irgendwie verwandt. Also Du auch mit mir, mein lieber Gourmet.

Aber bitte belästige mich jetzt nicht mit irgendwelchen Familientreffen!

„Schwarzbuch Gastronomie – wie Dich Dein Wirt über den Küchentisch zieht"
ISBN   978-3837058031   € 9,80

in jeder Buchhandlung

jetzt auch als eBook

Buchempfehlungen:

Bücher machen klug, und manchmal erfolgreich:

Wirtschaftsmediation und Emotion, ein Widerspruch?

Was ist Mediation?

Helmrich, Stefan   BoD, ISBN 978-3837068627

Simplify your Life

Küstenmacher, Seiwert   Campus, ISBN 3593368188

Die Posträuber-Methode

Hedwig Kellner   Heyne, ISBN 3453132173

Das Prinzip gewinnen

Arthur L. Williams   MVG, ISBN 3478811236

Die Bluff-Gesellschaft

Bärbel Schertfeger   Wiley-Vch, ISBN 3527500383

1000 Tipps und Tricks bei Schwarzgeld

und Steuerfahndung

Franz Konz   Knaur, ISBN 3426822849

Der Minuten Manager und der Klammer-Affe

Blanchard, Oncken, Burrows   Rowohlt, ISBN 3527500383

Die Agentur COACH-MARKETING hat in unserem Auftrag über 60 Gastronomiebetriebe mit schneller Mittagskarte befragt und die Ergebnisse ausgewertet. Nachfolgend die Renner dieser Befragung sowohl in der Beliebtheits-Skala wie auch in der problemlosen Vor- und Zubereitung.

Kalkulieren kannst Du Deinen Preis schnell und zuverlässig über die Kalkulationsdatei "Food" in GASTROWORKS, das Du als treuer Leser dieses Buchs erheblich günstiger bekommst. Schau unter gastroworks.de
Gib bei Bestellung den Code „ah2711" ein, so bekommst Du 20% Treuerabatt.

Mittagsgerichte müssen schnell serviert sein, sonst kommt Dein Gast nicht wieder.
Bereite nach folgenden Anweisungen also die zu erwartenden Portionen vor, d.h.: die Omelettes sind bereits fertig, das Ragout steht heiß, die Bratkartoffeln sind zubereitet usw.
Bei Order erhitzt und verfeinerst Du lediglich. Du kannst mittags nicht alles a la minute' kochen. Der Gast erwartet dies auch nicht und wird es Dir danken.

Vorschläge gelten ausschließlich für die schnelle und
sehr gut frequentierte Bistroküche zum Mittagsgeschäft!

Nudeln, Paprika und Tomatensauce anschwitzen >>warmhalten, a la minute überbacken
Nudel-Paprikapfanne
mit frischen Kräutern und Mozzarella überbacken

Blanchierten Broccoli nach Bedarf erhitzen (also NICHT warmhalten), mit vorbereitetem Speck und Käse gratinieren

Broccoliröschen

mit geröstetem Speck und Greyerzer Käse überbacken

Alle Zutaten fertig braten>>bei Bedarf in der Mikrowelle erhitzen und garnieren

Roh gebratene Gemüse "süß-sauer"

mit gemischtem Wildreis

Fleisch heißgelegt, Gemüse nach Bedarf erhitzen, heiße Kartoffel a la minute durch die Presse direkt auf Teller

Schweinsroulade mit gekochtem Ei gefüllt,

feinem Gemüse und Schneekartoffeln

Alles fertig und heiß, verlangt nach schöner Garnitur

Putenbrustwürfel in Rumsahne

mit Ananasreis

Alles vorbereitet und heiß

Hackfleischtorte

in gelbem Paprikarahm mit Rote-Beete-Kartoffeln

Zutaten fertig, a la minute gratinieren und garnieren

Kartoffel-Lachs-Gratin

mit Salaten der Saison umlegt

Crepes vorbereitet, Gemüse steht heiß

Deftige Crepes

mit frischen Rahmgemüsen gefüllt

Alles vorbereitet und heiß

Pfeffergoulasch vom Schwein

mit Schinkenerbsen und Kartoffelpüree

Alles vorbereitet und heiß

Heilbuttfilet im Kartoffelteig

auf Tomaten-Kräuterragout

Alles vorbereitet und heiß
Zucchini mit Hähnchenhackfleisch gefüllt
auf Spätzle-Paprikagoulasch

Schnitzel a la minute braten, Rest heiß
Hauchdünn plattiertes Schnitzel
in Limonenbutter mit fritierten Karotten und Kartoffelgratin

Alles vorbereitet und heiß
Hähnchenkeule in Honig-Chilipanade gebacken
mit Joghurtdip und fritierten Würfelkartoffeln

Anzahl Salate angerichtet & Leber bereits gebraten
Salatberg mit gerösteter Geflügelleber
in Quark-Balsamicodressing

Alles vorbereitet und heiß
Zwiebelfleisch vom Schweinefilet
auf Käse-Schnittlauchnudeln

Alles vorbereitet und heiß
Rotbarschragout in Prosecco-Zwiebelsahne
mit Würfelkartoffeln

Alles vorbereitet und heiß, Schneekartoffeln a la minute pressen
Süß-saure Kalbsleber
mit Gurken-Dillgemüse und Kräuterkartoffelschnee

Alles vorbereitet und heiß, Reisrand a la minute
Schweinegeschnetzeltes in Senfsahne
mit Buttergemüse und Reisrand

Rahmtopf fertig, Pute a la minute rösten

Kartoffel-Wirsingrahmtopf
mit gerösteten Truthahnscheiebn belegt

Alles vorbereitet und heiß, Katoffelnudeln vorgebraten
Ochsenbrust in Petersiliensud gekocht
mit frischem Meerrettich und Kartoffelnudeln

Alles vorbereitet und heiß
Saftiger Gemüsehackbraten
in Pfeffer-Champignoncreme mit Kartoffelrösti

Anzahl Pizza vorbereitet zum Backen
Pizza mit Nudelragout belegt
und Chicoreespitzen

Alles vorbereitet und heiß
Hähnchenkroketten
auf Karotten-Lauchgemüse mit Butterreis

Alles vorbereitet und heiß
Cordon Bleu von Selleriescheiben
mit Käse gefüllt auf Tomatenrisotto

Alles vorbereitet und heiß
Fleischpflanzerl - Frikadelle - Boulette
in Zwiebelsauce geschmort mit Dampfkartoffeln

Alles vorbereitet und heiß
Nudeltorte in Ei gebacken
mit Chili-Tomatenragout und Salatgarnitur

Alles vorbereitet und heiß
Seelachsfilet mit Tomaten im Ofen gebacken
mit Kartoffelgemüse in Senfsahne

Alles vorbereitet und heiß
Tafelspitzragout
in leichter Meerettichcreme mit Bouillonkartoffeln

Alles vorbereitet und heiß
Käse-Lauchomelette im Salatkranz
mit süß-saurer Chinasauce

Alles vorbereitet und heiß, Tomatenspaghetti a la minute
Saftiges Schweinelendensteak in Käse-Eihülle
auf Tomatenspaghetti

Alles vorbereitet und heiß, Spiegelei a la minute
Gebratener Reis mit frischen Gemüsen
und Spiegelei

Alles vorbereitet und heiß
Hähnchenbrustragout in Zitronen-Kerbelsauce
mit buntem Gemüsereis

Alles vorbereitet und heiß, Spiegelei a la minute
Bratkartoffel-Speckpfanne
mit Spiegelei und Salzgurke

Alles vorbereitet und heiß
Schweinefiletspitzen in Zwiebel-Paprikarahm
mit Kräuternudeln

Alles vorbereitet und heiß
Karotten-Tomatenrisotto
mit Blattsalaten umlegt in Pfeffer-Joghurtdressing

Alles vorbereitet und heiß
Kalbsmedaillons in Limonen-Salbeisauce
mit bunten Bandnudeln

Zander a la minute dämpfen, Sauce und Beilage fertig

Frisches Zanderfilet in Proseccosahne gedämpft

auf Orangenhollandaise mit gebratenem Reis

Alles vorbereitet und heiß

Gemischtes Geschnetzeltes

in Cognacrahm mit Speckspätzle

a la minute überbacken

Truthahnschnitzel mit Ananas-Käseragout

überbacken auf bunten Salaten in Honig-Balsamicodressing

Alles vorbereitet und heiß

Püree von Rüben, Kartoffeln und Karotten

mit Kasslerkotelett und geschmelzten Zwiebeln

Alles vorbereitet und heiß

Gebratene Nudeln

mit roten Paprikawürfeln und Rahmragout

www.ingramcontent.com/pod-product-compliance
Lightning Source LLC
Chambersburg PA
CBHW061331220326
41599CB00026B/5132